AF557561

Günter von Lonski
Gib Speiche, Alter!

Günter von Lonski

Gib Speiche, Alter!

Fahrradgeschichte(n) vom Anfang bis heute

Illustrationen
Matthias von Lonski

Ein großes Dankeschön für die freundliche Unterstützung in technischen und inhaltlichen Fragen an Gerlinde Althoff vom Bundesverband der Fahrradkurierdienste, Walter Euhus, Fahrradsammler mit Spezialkenntnissen zur Historie des Fahrrades und des Radsports, Renate Franz, Radsporthistorikerin, Dr. Matthias Kielwein, Technikhistoriker sowie Prof. Hans-Erhard Lessing, früher Landesmuseum für Technik und Arbeit, Mannheim.

Bibliografische Information Der Deutschen Bibliothek
Die Deutsche Bibliothek verzeichnet diese Publikation
in der Deutschen Nationalbibliografie
detaillierte bibliografische Daten sind unter http://dnb.ddb.de abrufbar

Titelgestaltung: Matthias von Lonski
ISBN 978-3-931965-38-9
Printed in Gemany

Inhalt

Willi Biallas

Städtisches Museum

Vor der Fahrradzeit

Jetzt geht's los!

Willi Biallas ist nicht mehr jung, seine Schultern stehen schon ein bisschen schief, und das rechte Bein zieht er auch ein wenig nach. Doch pünktlich um halb zehn holt er jeden Morgen sein Fahrrad aus dem Keller und fährt zur Arbeit. Voller Stolz trägt er seine blaue Jacke mit dem aufgestickten weißen Schriftzug: *Willi Biallas – Städtisches Museum*. Willi ist Museumswärter, und seine blaue Jacke trägt er wie eine zweite Haut. Seine Nachbarin, Frau Mönkemöller, erzählt allen, er habe nur noch diese eine Jacke. Dabei könnte er ihr einen ganzen Koffer mit Jacken zeigen, roten, grünen, karierten, gestreiften, schwarzen, weißen und schwarzweißen. Wenn er sich bloß erinnern könnte, wo er den Koffer abgestellt hat.

Er fährt die Jahnstraße hinunter, durchquert den Bürgerpark und kauft sich an Ernas Trinkhalle seine Tageszeitung. Erna trägt einen dicken schwarzen Schnurrbart und ist Türke. „Aber wozu neues Reklameschild kaufen?" fragt der neue Pächter, „wenn ist sich altes noch ist gutt?"

Die letzten Meter bis zum Museum schiebt Willi sein Fahrrad. Auf der Friedrich-Ebert-Straße rollt zuviel Verkehr, außerdem liebt er es, auf sein Museum mit Würde zuzugehen und beim Warten an der Ampel noch ein bisschen fürs Museum zu werben: „Guten Morgen, die Herrschaften. Was für ein schöner Tag! Aber das kann sich ganz schnell ändern. Sehen Sie die kleinen Wölkchen

dort am Horizont? Die kündigen sehr miserables Wetter an! Blitz, Donner und Hagelschlag! Kommen Sie lieber gleich mit mir ins Museum. Da haben Sie ein Dach über dem Kopf und können sich sehr interessante Ausstellungen ansehen!" Doch was machen die Leute? Sie gucken in eine andere Richtung.
Willi schiebt sein Rad um das graue Betongebäude mit den riesigen Glasfenstern herum, schließt es sorgfältig ab, betritt das Museum durch den Hintereingang und fährt mit dem Aufzug bis zur obersten Etage. Drei Minuten vor zehn steckt er den Schlüssel in die Tür zu seiner Ausstellung: *Die größte menschliche Leistung – Das Rad!*
Willi schiebt einen Stuhl neben die Eingangstür, zieht die Zeitung aus der Jackentasche und setzt sich. In den nächsten zwei, drei Stunden wird ihn niemand stören. Die meisten Besucher bleiben gleich in der Eingangshalle: *Die alten Ägypter und ihre Pharaonen*. Überall Gold und Edelsteine! Willi findet das alles ein wenig zu protzig.
Schulklassen stürmen meist den ersten Stock mit den versteinerten Pflanzen, ausgestopften Tieren und den Skelettknochen eines Sauriers. Die Etage darüber mit der geologischen Ausstellung wird nur noch von Fachleuten besucht, aber wer kommt schon in den fünften Stock?
Wenn Willi in Rente geht, soll seine Abteilung aufgelöst werden. Eine Multimedia-Schau über die Herstellung von Porzellan wird dann eingerichtet. Gesponsert von einer örtlichen Firma für Badewannen, Waschtische und Klosettschüsseln. Doch mit der Umgestaltung wird die Museumsleitung noch ein wenig warten müssen! Noch denkt Willi nicht daran, in Rente zu gehen!
Bis um zwölf liest Willi seine Zeitung, dann wird er für eine Dreiviertelstunde abgelöst. Meist von einer jungen Studentin mit feuerrot gefärbten Haaren und einem Glitzerstein im linken Nasenflügel. Sie lächelt nur und spricht fast nie. Willi weiß meist

auch nichts zu sagen. Er geht dann in die Kantine, die jetzt Cafeteria heißt. Er isst zwei Bockwürstchen mit Kartoffelsalat, und pünktlich um Viertel vor eins ist er wieder zurück in seiner Abteilung.
Jedes Mal ist er wieder aufs Neue gespannt, wie viele Leute auf ihn warten, wenn sich die Tür des Fahrstuhls öffnet. Denn um ein Uhr beginnt seine fachkundige Führung durch die Ausstellung.
Heute regnet es nicht, die Sonne scheint durch die Fenster, da wartet niemand, und Willi verschiebt die Zeiger der Uhr, mit

der die Führung angekündigt wird, auf 3. Doch um drei bleibt Willi auch allein. Er gibt den Besuchern eine letzte Chance und verschiebt die Zeiger auf 4 und ½. Ohne Erfolg.

„Hohlköpfe!" Um Viertel vor fünf nimmt Willi die Ankündigungsuhr vom Haken. „Sie wissen nicht, was sie versäumen!" Die Uhr hängt er umgedreht an die Innenseite der Tür. „Wenn sie es wüssten, würden sie es sich sicher nicht entgehen lassen!" Willi liebt solch verschlungene Gedanken. Er strafft sich, streicht die Jacke glatt und weist mit einer einladenden Geste in den Raum:

„Meine Damen und Herren, liebe Kinder, ich bitte, mir in die Ausstellung zu folgen. Beginnen wir mit dem Anfang." Willi kann noch immer über seine eigenen Sprüche grinsen. „Ohne Räder läuft gar nichts. Im Alltag rollen sie überall. Sie sorgen für eine schnelle Fortbewegung, transportieren, rotieren und treiben an. Die Erfindung des Rades hat die Entwicklung der Menschheit so sensationell vorangetrieben, wie keine zweite. Auch heute dreht sich noch die gesamte Technik um das Rad! Und dabei musste es der Mensch auch noch ganz und gar alleine erfinden."

Willi schluckt, hält sich die Hand vor den Mund, er hat zuviel von dem Kartoffelsalat gegessen. Vor den Fenstern gurren Tauben.

„Eigentlich ist die Natur unsere größte Erfinderin, und wir Menschen kupfern nur ab. Immer wieder liefert sie geniale Lösungen für schwierige Probleme. Von Lotosblüten werden selbstreinigende Oberflächen für Fassaden, Fenster und Autos abgeguckt, von Eisbären und Fröschen erfahren Wissenschaftler, wie sie die Haftung von Winterreifen auf Eis und Schnee erhöhen können, und Weltraumforscher bauen Roboter nach dem Prinzip der Skorpione, die sich mühelos über unwegsames und heißes Gelände bewegen. Doch das Rad, das sich frei um eine Achse dreht, gibt es in der Natur nicht. Kein Tier hat Räder an Stelle der Beine." Willi kichert. „Allerdings brauchen Hühner und Pferde auch keine Räder. Das sähe erstens ziemlich unbeholfen aus

und wäre zweitens auch äußerst hinderlich auf unebenen oder weichen Böden. Da würden Räder brechen oder einfach stecken bleiben. Die Natur hat sich also schon etwas dabei gedacht, den Tieren ihre Beine zu lassen.
Doch wie alles in der Entwicklung des Menschen ist seine Faulheit ein wichtiger Antrieb für den Fortschritt. Der Mensch wollte sich die tägliche Arbeit leichter machen. Um schwere Lasten bewegen zu können, haben die Menschen der Jungsteinzeit zunächst *Schleifen* benutzt – dicke Astgabeln, die von Ochsengespannen gezogen wurden. Die beiden Enden der Astgabeln schliffen dabei wie Kufen über den Boden. Vielleicht ist eine solche Schleife einmal über einen querliegenden Ast gerutscht und ins Rollen gekommen. ‚Aha', sagte sich da der Steinzeitmensch: ‚Rollen ist leichter als Schleifen!'
So könnte es gewesen sein, oder auch ganz anders. Die Erfindung des Rades ist auf alle Fälle keine Einzelleistung, sondern das Ergebnis einer langen Entwicklung, die sich in Europa, Mesopotamien und auch anderswo völlig unabhängig voneinander vollzog."

In einer spiegelnden Vitrine entdeckt Willi einen blassen Fleck auf seinen glänzenden Schuhen. Er poliert den Schuh am andern Hosenbein.

„Genau kann also niemand sagen, wann und wo das Rad erfunden wurde! Auch gibt es keine Aufzeichnungen über die Umstände, wie es geschah. Mesopotamische Töpfer sollen als erste radähnliche Scheiben gefertigt haben. Die ältesten noch erhaltenen Scheibenräder, die aus Baumstämmen gefertigt wurden, stammen aus dem 4. Jahrtausend vor Christus."

Willi stellt sich auf die Rückseite der Vitrine, um den Besuchern den Blick auf das Prunkstück der Ausstellung nicht zu verstellen.

„Zwischen Baumstamm und Rad lag wohl nur eine Reifenbreite!" Wieder eine von Willis eigenwillig scherzhaften Zwischenbemerkungen, die nicht im Museumsführer stehen. „Doch ganz so einfach war es nicht. Die Räder wurden nicht etwa als Scheibe vom Stamm abgesägt. Ein solches Rad würde bei Belastung an den Jahresringen aufplatzen. Die Scheibenräder wurden aus einem dicken Brett ausgeschnitten, bei größeren Rädern aus mehreren Brettern, die mit dünnen Leisten verbunden wurden. In der Mitte wurden die ausgesägten Scheiben durchbohrt und auf eine hölzerne Achse gesteckt. Die Achse wurde unter den beiden Astgabeln einer Schleife montiert und fertig war ein flotter Steinzeitwagen, um die Ernte und Bauholz leichter transportieren zu können."

Über Willi erscheint ein Flugzeug mit seinem weißen Kondensstreifen im mittleren der Dachfenster. Damit ist es ziemlich genau sieben Minuten vor fünf. Willi ist mit seinem Vortrag genau in der Zeit! Um fünf schließt das Museum.

„Die Ägypter führten erst um 1600 vor Chr. sehr leichte und wendige zweirädrige Kampfwagen mit dünnen Holzspeichenrädern und Pferdegespannen ein. Zuvor hatte der Wagen dort keine Rolle gespielt. Schwere Steine für den Pyramidenbau wurden entweder mit dem Schiff auf dem Nil transportiert oder mit Schlitten gezogen.

Auf den extra geglätteten Wegen zwischen der Bootsanlegestelle und der Pyramidenbaustelle haben wohl auch Rollen den Schwertransport erleichtert. Für die Entwicklung des Wagenrades waren diese Rollen allerdings von keinerlei Bedeutung.
Die Pferdewagen der Römer hatten später auch eisenbereifte Holzspeichenräder, deren Felgen aus einem einzigen Stück Holz gebogen waren. Die Naben waren mit Metall ausgeschlagen, um die Reibung zu vermindern. Als das Römische Reich im Jahr 476 unterging, verfiel das gut ausgebaute römische Straßennetz, und die Weiterentwicklung des Wagens geriet ins Stocken."
Willi deutet auf die letzte Vitrine vor dem Ausgang.
„Im 15. Jahrhundert entwarf der Künstler und Ingenieur Leonardo da Vinci verschiedene mechanische Maschinen und Apparate, darunter auch einen Zahnradantrieb für Wagen. Sogar die Skizze eines Fahrrads mit Kette und Pedalen soll angeblich von ihm stammen. Diese wurde allerdings als Fälschung entlarvt, denn die Teile wurden erst vor wenigen Jahrzehnten von einem Spaßvogel in die Skizze eingefügt. Ein solcher Spaßvogel sollte sich mal in meinem Museum blicken lassen!"
Willi seufzt und ballt die Faust.
„Erst 1817 begann mit der Erfindung der Laufmaschine durch Karl Drais das Zeitalter der modernen Verkehrsmittel. Aber das ist eine ganz andere Geschichte!"
Willi verbeugt sich leicht und hält seine geöffnete rechte Hand möglichst unauffällig auffällig in Brusthöhe. Doch kein Trinkgeld verirrt sich in die Handfläche. „Von nichts kommt eben nichts!"
Willi hängt das Schild mit dem Hinweis auf die Führung um ein Uhr für den nächsten Tag an die Außenseite der Tür, schließt das Schloss zweimal ab und fährt mit dem Fahrstuhl nach unten.
Endlich Feierabend! Heute wird er sich mit seinen Freunden vom Briefmarkenverein treffen. Am Feierabend mag Willi einfach nichts Rundes mehr sehen!

1817 Karl Drais

2 Räder statt 4 Hufe

„Vielleicht sollte ich alles verkaufen und auch nach Amerika auswandern!" Die beiden Männer stapfen gemächlichen Schrittes den überwachsenen Weg zwischen dem üppigen Grün der Felder entlang. „Als Maler kann ich doch überall mein Geld verdienen. In Amerika male ich dann Indianer und Büffelherden statt Residenzschlösser und Paradeplätze!" Der Maler trägt einen weichen braunen Anzug und eine mehrfach geschlungene Krawatte, sein etwas älterer Begleiter schmale graue Hosen und darüber einen Gehrock mit breiten Schwänzen, die ihm fast bis zu den Kniekehlen reichen.

„Joseph, Joseph! Wenn du das Schiff nach Amerika nehmen willst, musst du genau in die entgegengesetzte Richtung laufen." Der Mann in dem Gehrock lacht leise.

„Du machst dich lustig über mich!" Joseph fährt mit dem Zeigefinger zwischen Hals und Kragen, um sich ein wenig mehr Luft zu verschaffen. „Weißt du denn, was in diesen Zeiten richtig ist? In der Heimat zu bleiben und abzuwarten oder auszuwandern und ..."

„Und?"

„... und, naja. Ein paar haben in der Fremde auch ihr Glück gemacht – sagt man!" Joseph bückt sich und greift prüfend in die kurzen grünen Halme. „Hoffentlich wird es 1817 wieder eine gute Ernte geben. Es wäre die erste seit fünf Jahren! Noch so ein

Hungerjahr würden viele nicht mehr überleben." Er bleibt stehen. „Schlimmer als letztes Jahr kann es ja kaum mehr kommen, wir hatten weder Frühling noch Sommer, schon im August hat es wieder geschneit, alle haben gehungert. Selbst die Pferde mussten geschlachtet werden, es gab doch nicht mal Futter, und manchem rettete ein Stück Pferdefleisch sogar das Leben."
„Manches Schlechte hat vielleicht auch etwas Gutes!"
„Dir geht doch schon wieder etwas im Kopf herum. Immer hast du neue Ideen!"
Eine mächtige Linde steht am Weg, die beiden Männer stellen sich unter den Baum, und Joseph lehnt sich an den Stamm. „In unserem schönen Mannheim oder sogar im ganzen Großherzogtum Baden gibt es keinen größeren Erfinder als dich, Karl Drais!"

Karl Friedrich Christian Ludwig Freiherr Drais von Sauerbronn wird am 29. April 1785 in Karlsruhe geboren. Noch am gleichen Tag wird er in Anwesenheit erlauchter Taufzeugen, darunter Markgraf Carl Friedrich mit den Erbprinzen Karl Ludwig und dessen Gemahlin Amalie, Prinzessin von Hessen-Darmstadt, sowie sämtlicher Prinzen des Hauses getauft.
Nach dem Besuch des Karlsruher Lyzeums, dessen Lehrer sein technisches Interesse wecken, beginnt er ein Technologiestudium in Heidelberg. Nach dem Studium verhilft ihm die gute Beziehung seiner Familie zum Fürstenhof zu einer Anstellung als Großherzoglicher Forstmeister – allerdings ohne Forstamt. Mathematik, Physik und der allgemeine technische Aufbruch der Zeit faszinieren ihn mehr als Hirsch und Buchenforst. Sein Einkommen und die Freistellung vom Forstdienst erlauben ihm, an technischen Problemen der Zeit zu arbeiten und einige davon mit durchdachten Erfindungen zu lösen.

„Mach dich nicht lustig über mich!"
„Ich glaube an dich und deine Erfindungen." Joseph zieht ein Büchlein aus der Jackentasche. „Auch wenn ich dir manchmal nicht folgen kann." Für einen kurzen Augenblick ist ein Schriftzug auf dem Büchlein zu lesen: Joseph Paul Karg, Kunstmaler! Der junge Mann skizziert mit schnellen sicheren Strichen die vor ihnen ausgebreitete Landschaft und den Höhenzug des Odenwalds im Hintergrund.
„Man muss die Zeichen der Zeit nur erkennen, aus ihnen seine Schlüsse ziehen und dann folgerichtig handeln!" Karl fährt sich mit einem karierten Tuch über die Stirn.
Joseph verfeinert seine Zeichnung mit kleinen schnellen Strichen, Karl holt seine Schnupftabakdose aus der Tasche, lässt sie aufspringen, schließt sie nach einer Weile wieder und steckt sie zurück in die Tasche. Ein Mann mit derbem Wanderstock und einem kleinen Bündel auf dem Rücken kommt daher. Er grüßt herüber, dann ist er auch schon vorbei.
„Was meinst du, wo der hin will?" fragt Karl.
„Das können wir leicht erfahren!" Joseph klappt sein Büchlein zu, macht ein paar schnelle Schritte und holt den Mann ein. „Hallo, Nachbar", spricht er den Mann an, „gestattet eine Frage. Wohin des Wegs?"
Der Mann blickt ihn kurz an und verlangsamt für einen Moment seinen Schritt. „Ich geh zu meiner Base, sie hat ein Kind geboren. Ich will mir den neuen Erdenbürger einmal ansehen und der Mutter Schinken und Wein zur Stärkung bringen!"
Joseph kehrt zu Karl zurück und berichtet. „Sind wir jetzt klüger?" fragt er.
Karl lacht. „Dieser Mann hat uns gerade bewiesen, dass der Mensch von Natur aus neugierig ist. Er will sehen, was in der Welt vor sich geht und daraus seine Schlüsse ziehen. Kein Bericht kann ihm den eigenen Augenschein ersetzen."

„Na schön! Und was lernen wir daraus?"
„Er wird Verwandte treffen, Menschen, die er lange nicht gesehen hat, aber auch völlig Fremde. Im Gespräch mit ihnen wird er neue Eindrücke gewinnen, seine eigenen Erfahrungen mitteilen, und vielleicht wird er sogar ein paar Körner einer neuen Getreidesorte oder Saatkartoffeln, die eine bessere Ernte versprechen, von seinem Besuch mit nach Hause bringen und dort selbst anbauen."
„Soviel Neues wird er wohl nicht erfahren. Es sind doch nur ein paar Meilen bis zum nächsten Dorf oder zum übernächsten."
„Wenn er aber seinen Bruder in Karlsruhe oder in Freiburg besuchen könnte?"
„Woher weißt du von seinen Brüdern in Karlsruhe oder Freiburg?"
Joseph klappt sein Skizzenbüchlein wieder auf.
„Nur einmal angenommen. Wenn er so weit käme, würden seine Chancen steigen, mehr Neues zu erfahren und vielleicht auch Wertvolles für sich zu gewinnen."
„Er kommt aber nicht bis Karlsruhe und schon gar nicht bis Freiburg!"
„Und warum nicht?" Karl schaut Joseph über die Schulter ins Skizzenbüchlein.
„Weil es zu weit für ihn ist! Ein Pferd hat er nicht oder nicht mehr, sonst wäre er zu seiner Base geritten. Vielleicht musste sein Pferd auch im letzten Winter dran glauben. – Und wer gibt schon sein Geld für eine Kutsche aus, nur für ein paar unsichere Neuigkeiten?"
„Also brauchen wir ein Verkehrsmittel, das billiger ist als ein Pferd, kein Futter braucht, aber den einzelnen Menschen weiter und schneller vorwärts trägt als die eigenen Füße!"
Joseph sieht Karl an. „Ich erinnere mich an deine Fahrmaschine ohne Pferde!"
„Das ist vier Jahre her! Ein vierrädriger Wagen mit Tretantrieb!

Leider war das Gefährt zu schwer und ließ sich nur mühsam vorwärts bewegen!"
„Und wo ist die Maschine heute?" Joseph klappt das Büchlein endgültig zu und drückt sich vom Baumstamm ab.
„Zar Alexander I. von Russland hat mir als Anerkennung für meine Erfindung einen Diamantring geschenkt!"
„Lass uns gehen und einen Apfelmost trinken", sagt Joseph.
„Ich bin von schnöder Missachtung umgeben!"
„Damit meinst du hoffentlich nur deinen speziellen Gutachter-Freund, Straßenbaudirektor Tulla?"
„Hol ihn der Teufel!"
Joseph spricht mit verstellter Stimme: „Wir können der von Draisschen Fahrmaschine gar keinen wesentlichen Zweck beilegen, weil jedermann, der Füße hat, dieselben für seine Ortsveränderung weit besser auf eine natürliche Art gebrauchen kann als mit einer Maschine." Joseph zieht seine Jacke aus und legt sie sich über den Arm.
Karl ist tief in seine Gedanken versunken. „Loser Sand, Schlamm und die vielen Schlaglöcher haben meine vierrädrige Maschine nicht in Fahrt kommen lassen. Daraus war zu schließen, ..."
„Ich kann das Wirtshaus schon sehen!"
„... dass ein neues Fahrzeug nicht zweispurig, sondern einspurig sein musste!"
„Einspurig?"
„Zwei rollende Räder bringen weniger Widerstand auf die Straße als vier."
„Das hat es bisher noch nie gegeben. Zwei Räder in einer Spur, so was kann doch gar nicht gehen und erst recht nicht stehen!"
„Ein Fahrer auf zwei rollenden Rädern kann seine ganze Kraft für die Vorwärtsbewegung einsetzen."
„Wir haben es geschafft!"
„Du hast es also verstanden?"

„Das Wirtshaus ist gleich erreicht!" Joseph leckt sich über die trockenen Lippen. „Komm, ich gebe uns einen Most aus!"
Karl scheint in die Wirklichkeit zurückzukehren. Er sieht seinen Freund direkt an.
„Wenn du mich so anschaust", sagt Joseph. „vergeht mir noch glatt der Durst!"
„Lass uns eine Kanne Most kaufen und mitnehmen. Ich muss dir etwas zeigen. Meine neue Laufmaschine!"
„Aber du bringst die Kanne morgen zurück!" Joseph geht ins Wirtshaus und kommt schon bald mit einer braunen Tonkanne wieder heraus. Noch auf der Treppe drückt er mit dem Daumen der rechten Hand den Deckel hoch und riecht an dem Most. „Die Zeitung hat schon einiges von deinen heimlichen Fahrten mit der neuen Reitmaschine berichtet. Ich kann mir bloß nichts darunter vorstellen!"
„Was die Zeitung nicht alles schreibt!"
Eine Weile gehen sie schweigend die lichte Baumallee entlang.
„Du hast schon so viel erfunden", sagt Joseph, „ich denke da nur an die Musikmaschine, die automatisch Noten auf Papier zeichnet und an den Spiegel, mit dem man um zwei Ecken sehen kann!"
Karl lacht. „Vergiss nicht mein mathematisches Verfahren zur numerischen Auflösung von Gleichungen jeglichen Grades."
„Ich verstehe nichts von jeglicher Mathematik! Aber du bist ein Genie! Nur eingebracht hat dir das bisher nicht viel! Nicht einmal ein Großherzogliches Privileg, das deine Erfindungen vor Nachahmern schützen könnte!"
Karl biegt von der Allee auf ein großes Gartengrundstück ein. „Wenn sich die Vorteile erst gezeigt haben, wird sich meine neue Laufmaschine auf der ganzen Welt durchsetzen, von Kalkutta bis Amerika, von Australien bis zu den Eskimos!" Karl schiebt das Türchen zum Garten auf, lässt seinen Freund eintreten und schließt

es hinter sich wieder. Über einen hellen Kiesweg gehen sie zum Haus hinüber. Karl schließt die Tür auf und lässt Joseph vortreten. Jetzt ist es nicht mehr zu übersehen. Mitten in der Eingangshalle steht ein neues Gefährt.

Zwischen zwei in einer Spur laufenden, sorgfältig ausgearbeiteten Holzspeichenrädern befindet sich ein gepolsterter Ledersitz. Eine nach hinten geklappte Wagendeichsel dient als Lenkstange.

Joseph formt mit Daumen und Zeigefinger der rechten Hand und angelegtem Zeigefinger der linken ein Viereck und schaut hindurch als wäre er auf Motivsuche. Er legt den Kopf mehrmals von der einen auf die andere Seite, dann tritt er in den Raum und geht um das hölzerne Wunderwerk herum. „Wahnsinn!" sagt er. „20, 50 oder sogar 100 Kilometer kann ein Mann darauf zurücklegen und ist dabei erheblich schneller und ausdauernder als jeder Fußgänger!"

„Karl, das ist im wahrsten Sinne des Wortes bahnbrechend!"

„Das ist sogar revolutionär! Die Menschen werden weiter herumkommen, viel mehr sehen als bisher und ihre eigenen Erfahrungen vervielfachen! Dann kann man ihnen nicht mehr alles verordnen, was sie zu denken und zu glauben haben!"

„Hoffentlich geht das gut!"

„Der Fortschritt ist nicht aufzuhalten!"

„Aber fehlt da nicht noch etwas an deiner Maschine?"

„Nein, meine Laufmaschine ist fertig. Wagnermeister Johann Frey hat sie nach meinen Anweisungen gebaut und gestern gebracht. Ich bin sehr zufrieden mit seiner Arbeit."

„Wenn man aber von einer Seite aufsteigt, fällt man doch auf der anderen wieder runter!"

„Joseph, du bist ein Trottel! Solange die Maschine steht, hast du doch beide Füße gleichzeitig am Boden, und beim Laufen fällt das Balancieren sehr viel leichter. Ein bisschen üben muss man natürlich schon!" Karl fasst nach der Lenkstange.

„Soll ich mit anfassen?"
„Es wiegt kaum mehr als zwei Eimer Wasser!" Karl schiebt das Gefährt nach draußen und setzt sich auf den gepolsterten Sitz. Er legt die Unterarme auf das Balancierbrett vor sich, greift mit den Händen nach der Lenkstange, und mit zwei, drei kräftigen Fußtritten stößt er sich vom Boden ab. Er rollt den Kiesweg bis zum Gartentürchen hinunter und wendet. Auf dem Rückweg will er es seinem Freund so richtig zeigen. „Schau her, Joseph!" Er holpert über den Randstein des Kieswegs und landet im Erbsenfeld.
Schnell ist Joseph bei ihm. „Die Kurven haben's in sich!" Karl hebt das Gefährt auf, schiebt es auf den Weg zurück und betrachtet

es eingehend. „Es scheint nichts gebrochen zu sein! Halte doch mal einen Augenblick die Laufmaschine!"
„Für kein Geld der Welt!"
„Ich will mir nur den Staub von der Hose klopfen!"
Mit ausgestreckten Armen hält Joseph die neue Konstruktion an Balancierbrett und Sitz fest. Karl klopft seine Hose ab. Zögernd tritt Joseph einen kleinen Schritt näher an die Maschine heran. Karl beobachtet ihn von der Seite und klopft und klopft an seiner Hose. Immer näher rückt Joseph an das Gefährt heran. Schließlich richtet sich Karl wieder auf.
„Ich werde sie zeichnen!" sagt Joseph entschlossen.
„Aber erst wirst du sie fahren!"
„Niemals!"
„Nur das kurze Stückchen von der Gartentür bis hierher."
„Kommt gar nicht in Frage!"
„Ich fang dich auch auf!"
„Ein Loch in meiner Hose, und ich kann nicht mehr ausgehen!"
„Feigling!"
„Nur ein einziges Mal vom Türchen bis zum Haus?"
„Nur einmal vom Türchen bis zum Haus!"
Joseph schiebt die Laufmaschine über den Kiesweg, wendet sie umständlich, hebt ein Bein über den Rahmen und setzt sich vorsichtig auf das Lederpolster. Die Braue über seinem rechten Auge zuckt. Seine Ohren sind rot wie Klatschmohn.
„Stoß dich wie beim Schlittschuhlaufen abwechselnd mit den Füßen ab!"
„Kannst du mich für den Anfang vielleicht festhalten?"
„Nun mach schon, du Feigling!"
Joseph gibt sich einen Ruck, die Räder setzen sich in Bewegung, seine Füße stoßen sich vom Kies ab, er wird schneller und schneller, Karl will ihn abfangen, doch Joseph fährt fast durch ihn hindurch, und beide landen im wilden Wein an der Hauswand.

Karl macht sich beim Aufstehen schon auf einen fluchenden Wortschwall seines Freundes gefasst. Doch Joseph erhebt sich eifrig, richtet das Gefährt wieder auf und schiebt es zurück auf den Kies. „Das war toll! Ich versuche es gleich noch einmal!"
Es wird ein langer Abend. Josephs Hose bleibt nicht heil, Karl muss zwischendurch einige kleinere Teile an seiner Laufmaschine richten, schließlich ist es so dunkel, dass sie die Maschine zurück ins Haus bringen müssen. Karl schließt die Tür. Sie setzen sich draußen auf die Bank unter dem wilden Wein und genehmigen sich den fast vergessenen Most.
„Du solltest der Laufmaschine einen einprägsamen Namen geben!"
„Ich habe schon an Loda gedacht, eine Zusammensetzung von Locomotion für Bewegung und Dada für den Spaß, den man damit hat!"
„Warum nennst du sie nicht einfach nach dir – dann kann dir keiner mehr die Erfindung streitig machen."
Karl kratzt sich hinterm Ohr, fährt sich dann verlegen mit den Fingern durchs Haar.
„Auf die Draisine!" Joseph stößt mit seinem Krüglein an Karls Mostkrug. Die Männer trinken. Karl druckst einige Augenblicke herum, dann rutscht er näher an seinen Freund heran und legt einen Arm um Josephs Schulter. „Am Donnerstag vor Pfingsten will ich die Laufmaschine ..."
„Die Draisine!"
„... die Draisine endlich offiziell der Öffentlichkeit vorstellen. Ich habe die beste Straße von ganz Baden ausgewählt, die kurfürstliche Chaussee, die vom Mannheimer Schloss zur Schwetzinger Sommerresidenz führt."
„Das wird bestimmt viel Aufsehen geben!"
„Joseph, könntest du ... also, ich meine nur, wenn du gerade Zeit hättest und das Wetter gut ist, vielleicht eine schöne Zeichnung zur Erinnerung machen?"

„Ich habe eine bessere Idee", sagt Joseph. „Mein Freund und Kupferstecher Wilhelm Siegrist hat den besonderen Blick für technische Feinheiten. Er soll deinen Ritt ohne Pferd über die Chaussee zur Pferdewechselstation vor Schwetzingen festhalten! Es muss doch alles ganz genau stimmen – für die ungläubigen Zeitgenossen und deinen Platz in der Geschichte!"

Die Karlsruher Zeitung vom 1. August 1817 berichtet:
[...] *Karl Drais, welcher nach glaubwürdigen Zeugnissen schon Donnerstag, den 12. Juni dieses Jahres, mit der neuesten Gattung seiner von ihm erfundenen Fahrmaschinen ohne Pferd von Mannheim bis an das Schwetzinger Relaishaus und wieder zurück, also gegen vier Poststunden Weges in einer kleinen Stunde Zeit gefahren ist, hat mit der nämlichen Maschine den steilen, zwei Stunden betragenden Gebirgsweg von Gernsbach nach Baden in ungefähr einer Stunde zurückgelegt und auch hier mehrere Kunstliebhaber von der großen Schnelligkeit dieser sehr interessanten Fahrmaschine überzeugt.*

Karl Drais * 29.04.1785 † 10.12.1851
Karl Drais erfand später unter anderem noch das Periskop (wird heute als Ausguckrohr bei U-Booten verwendet), einen Holzspar-Ofen, eine Schnell-Schreibmaschine, eine Pulverschieß-Maschine, eine Geheimschrift und die Eisenbahn-Draisine.

1874 Eugène Meyer

Hochrad kommt vor dem Fall

„Ist es noch weit, Madame Inès?
„Wir sind gleich da, Petit-Lucie!"
„Geht es nicht ein bisschen schneller?"
„Wir leben in Frankreich, in Paris! Da eilt man nicht, da flaniert man!"
„Es ist aber ganz schön anstrengend, die ganze Strecke auf dem Bauch zu rutschen!"
„Diese Art der Fortbewegung hat sich bewährt und ist uns Schnecken durchaus angemessen!"
„Wenn man größer ist und lange Beine hat, kommt man mit vier Schritten über die Straße, wir brauchen dazu zweieinhalb Stunden!"
„Ich kenne deine Zweifel an unserem Schneckentempo, liebe Petit-Lucie. Darum will ich dir beweisen, dass man sich besser langsam und beständig vorwärts bewegt als mit Hast und Eile!"
„Es soll einfach bloß vorwärts gehen!"
„Du sollst es mit eigenen Augen sehen, damit du es nie mehr vergisst. – Wir sind angekommen!"
Vor ihnen liegt ein ruhiger Fluss mit einer Wiese am Ufer und einem Schotterweg zwischen Wasser und Land.

„Die Seine." sagt Madame.
„Ich weiß." Petit-Lucie fährt ihre Augen aus, so lang die Augenstiele reichen. Hier könnte man ganz toll herumkriechen, ein bisschen vom Gras fressen und vom klaren Tau trinken. Doch Petit-Lucie muss aufpassen, Madame Inès gibt sich immer solche Mühe mit ihrem Unterricht.
„Nun", fragt Madame Inès, „was siehst du?"
„Alles!"
„Was siehst du Besonderes?"
„Nichts!"
„Du musst noch viel lernen!"
Petit-Lucie seufzt und lässt die Augen kreisen. Sie kann wirklich

nichts Aufregendes entdecken. Auf der Wiese springt ein Hund nach einem Stock, ein Mann angelt, Möwen kreisen über dem Fluss, und gleich vor ihnen lehnt etwas Großes an einem Baum. Ein Mühlrad! Nein, dafür ist es zu schmal und elegant. Es ist etwas anderes, etwas Besonderes. Es ist ein, ein ...

„... ein Pferd aus Rohr und Draht", sagt Madame Inès, „eins dieser modernen leichten Hochräder, die Eugène Meyer vor gar nicht all zu langer Zeit entwickelt hat. Bald wird es überall Meyers Hochräder geben, und wir müssen um unser Leben rennen!"

„Was macht man mit einem Hochrad?" fragt Petit-Lucie.

„Man bewegt sich sehr schnell vorwärts, und den Rest siehst du dann schon selbst!"

Neben dem Hochrad stehen zwei Männer. Das Hochrad reicht dem größeren Mann mit Mütze bis zur Brust.

Hinter dem großen Stahlspeichenrad entdeckt Petit-Lucie ein kleineres, das über ein langes, gebogenes Rahmenrohr mit dem Vorderrad verbunden ist. Dieses Stahlrohr führt über das große Rad hinauf bis zum obersten Punkt in der Mitte, endet in einer schmalen Querstange und findet nach unten mit zwei dünneren Streben Halt an der Nabe des großen Rades. Auf dem gebogenen Rahmenrohr spannt sich eine dünne, nach hinten abfallende Blattfeder, auf der nahe der Lenkstange ein schmaler Sitz befestigt ist.

„Falls du es noch nicht bemerkt hast", sagt Madame Inès, „das große Rad kann man mit Pedalen antreiben."

„Diese Dings, diese Pedale habe ich natürlich längst entdeckt."

Der Mann ohne Mütze blickt sich um, geht dann eine ganze Strecke den Schotterweg hinunter.

Der Mützenmann scheint lange nach ungebetenen Zuschauern Ausschau zu halten, nimmt dann seine Ledertasche von der Schulter, stellt sie an den Baum und winkt dem Mann ohne Mütze. Er greift das Hochrad an der Lenkstange und dem gebogenen

Rahmenrohr und schiebt es auf den Schotterweg.
„Sie versuchen es schon seit einer Woche", sagt Madame Inès.
Ein Reiher fliegt auf, zieht eine Kurve über dem Mützenmann und verschwindet dann hinter den hohen Pappeln. Der Mützenmann greift die Lenkstange mit beiden Händen, rennt einige Schritte neben dem Rad her, steigt auf den kleinen schmalen Auftritt am Rahmenrohr und grätscht dann hoch hinauf auf den Sattel. Gleichzeitig sucht er mit den Füßen die Pedale, die sich ständig mit dem Vorderrad drehen.
„Geschafft!" sagt Petit-Lucie
„Wart's ab!" meint Madame Inès.
Das Hochrad schießt nach vorn, schlingert über den Schotterweg, fährt eine ganze Strecke, erreicht den Mann ohne Mütze, der will das rasende Rohrgestell abfangen, doch das Rad mit Fahrer ist zu schwer für ihn, es kippt um, und beide Männer landen unter dem Drahtgewirr im Gras, nur wenige Schritte vom Flussufer entfernt.
„Das war toll", sagt Petit-Lucie begeistert. „Ich würde es auch gern mal probieren!"
„Eine Schnecke auf einem Hochrad – dass ich nicht lache!"
Das Rad scheint sich wieder aus dem Gras zu erheben, dann legt es sich auf die andere Seite, und die beiden Männer stehen auf, klopfen ihre Hosen und Jacken ab, der Mützenmann setzt sich seine Kappe wieder auf.
Die Männer stellen das Hochrad auf, wenden es, sicherlich um wieder zurückzufahren.
„Jetzt kommt der Höhepunkt der Vorführung", sagt Madame Inès.
„Welcher Höhepunkt?"
„Der Mann mit der Mütze übt das Absteigen vom Hochrad! Eigentlich geht es ganz einfach: Er könnte das Tempo verringern, etwas nach hinten aus dem Sattel rutschen und dann nach hinten abspringen. Aber das wäre unserem Sportler zu bescheiden. Er

wird erst beide Beine über den Lenker hängen, und wenn sich die Fahrt des Rades ausreichend verlangsamt hat und sich das Hochrad unter seinem Schwung und Gewicht nach vorne neigt als wolle das Hinterrad das Vorderrad überfliegen, dann wird er über die Lenkstange vor das Rad springen!"

„Das ist sicher schwer!" staunt Petit-Lucie.

„Man kann es lernen!"

„Ich möchte es lernen!"

„Ein solches Kunststück ist nur etwas für unvernünftige Menschen! Wir Schnecken bewegen uns umsichtig, erdverbunden und sicher."

„Es wäre doch wunderschön, die Welt einmal von oben zu sehen und so schnell wie der Wind dahinzurasen!"

„Nein!"

„Warum nicht?"

„Du wirst es gleich sehen!"

Der Mützenmann ist nach einem kurzen Anlauf wieder auf das

Hochrad aufgesprungen, sitzt jetzt auf dem Sattel und tritt in die Pedale. Er fährt so schnell, dass sein Begleiter nicht mehr mitkommt. Übermütig nimmt er eine Hand von der Lenkstange und reckt sie in den blauen Himmel.
„Toll!" sagt Petit-Lucie.
„Tollkühn!" sagt Madame Inès.
Beide hören noch, wie der Begleiter ruft: „Pass auf die dicke Wurzel auf! Fahr einfach drum herum." Doch der Mützenmann scheint das Hindernis nicht zu sehen. Oder die Wurzel zieht ihn magisch an. Kurz vor dem Auftreffen des Rades auf den herausragenden graubraunen Holzbogen erhöht er sogar noch einmal sein Tempo.
„Jetzt!" sagt Madame Inès.
Das Rad trifft auf die Wurzel, holpert, bleibt augenblicklich stehen, das kleinere Hinterrad hebt sich von der Erde, steigt immer höher in die Luft, scheint das riesige Vorderrad sogar überspringen zu wollen, der Mützenmann kann sich nicht halten und schießt über die Lenkstange und landet, Hände und Kopf voraus, auf dem Schotterweg.
„Der Kopfsturz!" sagt Madame Inès. „Ich habe ihn schon so oft gesehen, aber es ist doch immer wieder köstlich, diese Krönung der menschlichen Verrücktheiten zu erleben!"
Der Mützenmann bleibt einen Augenblick liegen, sein Begleiter ist gleich bei ihm und hilft ihm auf. Der Mützenmann schaut sich benommen um, er blutet ein wenig an der Schläfe, sein Begleiter tupft ihm das Blut mit einem Taschentuch ab, doch der Mützenmann schiebt dessen Hand zur Seite und bückt sich nach dem Fahrrad.
Madame Inès muss ihr vom Lachen erhitztes Gesicht an einem Breitwegerich kühlen. „Wie komisch doch die Menschen sind! Komm, Petit-Lucie, wir schleichen uns, sie kommen uns zu nah!"
Die beiden Männer schieben gemeinsam das Hochrad über den

Schotterweg und sind schon fast wieder an ihrem Ausgangsbaum angekommen.

„Petit-Lucie!" Madame Inès schaut sich erst ärgerlich, dann immer ängstlicher um. „Petit-Lucie, wo bist du nun schon wieder. Du sollst dich doch nicht immer verstecken. Das gibt eine Sechs in Betragen!" Doch sie kann Petit-Lucie nicht finden, so lange und angestrengt sie auch sucht. Betrübt muss sie sich ins feuchte Gras zurückziehen, bevor die Sonne ihren höchsten Stand erreicht und ihre empfindliche Schneckenhaut austrocknet.

Stunden später ist Petit-Lucie noch immer nicht gefunden. Madame Inès ist sehr traurig, aber dann tröstet sie sich, weil Schnecken nun mal gern auf Wanderschaft gehen. Vielleicht ist Petit-Lucie ja schon bis an die große Weide oder zu der bemoosten Steintreppe gekrochen, um dort die leckeren Flechten abzunagen. „Sie hätte wenigstens Bescheid sagen können!"

Doch Petit-Lucie ist nicht auf Wanderschaft gegangen. Sie ist in die Ledertasche des Mützenmannes gekrochen, hat sich unter seinem Notizbuch versteckt und von ihrer ersten Fahrt auf dem Hochrad geträumt. Der Mützenmann hat sie auch überall hin mitgeschleppt, doch bevor er aufs Rad stieg, hat er seine Tasche jedes Mal weggelegt oder abgestellt. Bald ist Petit-Lucie die Vorfreude auf eine Fahrt mit dem Hochrad in ihrem dunklen Seitenfach vergangen, außerdem hat sie Hunger, und ein bisschen Bewegung würde ihr auch nicht schaden. Doch es passiert nichts. Überhaupt nichts! Sie steht immer nur rum!

Petit-Lucie nagt erst den Umschlag des Notizbuchs ab, und dann frisst sie die Blätter auf. Als sie beim vorletzten Blatt angekommen ist, wird sie wieder einmal durch die Gegend geschaukelt. Diesmal ist der Weg besonders weit, und Petit-Lucie geht es schlecht. Sie weiß nicht, ob es von dem langen Schaukelweg oder der einseitigen Ernährung kommt. Sie wird abgestellt, doch diesmal öffnet sich die Verschlussklappe der Tasche, und Petit-Lucie könnte

jetzt endlich ins Freie kriechen. Doch damit wäre noch nicht alles ausgestanden. Sie kann nicht einfach davon kriechen. Überall stehen Menschen herum. Sie stehen nicht wild durcheinander, sondern dicht gedrängt hinter einer hölzernen Absperrung wie auf einer Pferderennbahn. Das ist eine Rennbahn! Doch statt der Pferde stehen hier vier Hochräder am Start. Nebeneinander sind die Räder aufgestellt, von Männern in dunklen Anzügen gehalten. Die Fahrer in ihrer bunten Sportkleidung sitzen bereits auf ihren hohen Sätteln. Schon scheint es los zu gehen, denn die Fahrer beugen sich tief über ihre Lenkstangen, doch da wird noch einmal abgewinkt. Die Leute murren, einer der Rennfahrer steigt von seinem Rad und kommt zu Petit-Lucie herüber. Es ist ihr Mützenmann! Er kramt in seiner Tasche und zieht sein vergessenes Erkennungszeichen heraus, eine knallrote Schärpe!
Jetzt oder nie! Petit-Lucie saugt sich am gestreiften Hemd des

Mützenmannes fest, der Mützenmann geht zurück zu seinem Rad, steigt auf, und schon wird das Rennen gestartet.

Welch ein Anblick! Petit-Lucie kann ihre Augen gar nicht schnell genug wandern lassen. Erst zielen beide in eine Richtung, dann jedes für sich in eine andere. Die bunt gekleideten Menschen, die Fahnen, die anderen Fahrer in ihren geringelten, gestreiften, roten, grünen, gelben Trikots, ihre Schnauzbärte, ihre stacheligen Beine unter den kurzen Hosen, ihr verkniffener Gesichtsausdruck. Sie sieht ein Ortsschild: Saint-Cloud. Der Fahrtwind saust über sie hinweg und schenkt ihr endlich das ersehnte Gefühl der Geschwindigkeit. Doch plötzlich wird ihr ganz flau im Bauch. Die Köpfe der Menschen fliegen nur so vorbei. Es wird immer schneller und schneller gefahren. Die Leute schreien und johlen, es riecht nach Schweiß und gebratener Wurst, und es wird noch schneller.

Drei Runden sind schon zurückgelegt. Petit-Lucie hat längst die Augen eingezogen und murmelt nur noch vor sich hin: „Bitte kein Kopfsturz, bitte jetzt keinen Kopfsturz!" Doch da ist das Rennen auch vorbei!

Die Zuschauer klatschen, der Mützenmann erhält aus der Hand einer weiß gekleideten Frau einen grünen Lorbeerkranz, die Leute klatschen noch mehr, und auf dem größten der Lorbeerblätter macht es sich Petit-Lucie bequem. Endlich wieder was Richtiges zu fressen – nach diesem ewigen Einerlei an Papierschnipseln.

Der Mützenmann umarmt die weiß gekleidete Frau, gibt ihr rechts ein Küsschen, links eins und rechts noch eins. Er winkt stolz ins Publikum und kehrt dann zu seinen Sachen zurück. Jetzt wird er sich wohl umziehen. Seinen Lorbeerkranz hängt er an einen herabhängenden Ast.

„Hier finde ich dich also!" hört Petit-Lucie plötzlich eine vertraute Stimme aus der aufgesprungenen Rinde des Baumstamms. „Lass uns sofort nach Hause gehen!"

„Ja!" sagt Petit-Lucie kleinlaut, kriecht zu Madame Inès an den Baumstamm und mit ihr auf die Wiese hinunter.
„Du hättest mir wenigstens Bescheid sagen können!" sagt Madame Inès vorwurfsvoll.

Eugène Meyer * 08.07.1844 † 28.09.1907
Eugène Meyer baute bereits 1870 extrem leichte Stahldraht-Speichenräder für Hochräder.

1885 Clemens Seeber

Das rollende Fotoatelier

„Alles in Deckung, das hässliche Dreirad kommt!"
„Du bist und bleibst ein eingebildetes, hochnäsiges Hochrad."
„Mich vergleichen die Leute mit einem Rennpferd und dich mit einem Packesel."
„Du kannst ja nicht einmal alleine stehen und musst dich an einen Baum lehnen, um nicht umzufallen."
„Habt ihr gehört, das Ding aus Blech und Draht gibt Widerworte. Verzieh dich, Dreirad!"
„Ich bin nicht einfach ein Dreirad, ich bin ein Tricycle!"
„Wie es das sagt: Ich bin ein Treiiißzikl – wie Haferbreiii."
„Wer sich auf ein Hochrad wie dich traut, ist doch selbst schuld. Liegt auch nur ein Stein im Weg oder eine Pfütze versperrt den geraden Weg, fliegt dein Hochradler auch schon kopfüber in den Matsch."
„Ich bin eben jung, dynamisch und schnell – auf einer ebenen, glatten Strecke."
„Ein Tricycle wie ich steht sicher auf drei Rädern, hat auf der einen Seite seines Sattels ein Rad, so hoch wie ein Pferd, und auf der andern Seite zwei kleinere, lenkbare Räder hintereinander, groß wie eine Ziege. Im Gegensatz zu dir bin ich leicht zu bedienen, sehr wendig, sicher zu fahren, und selbst die feinen Damen trauen sich, mit mir ein paar Runden zu drehen, ohne Hohn und Spott zu ernten."

„Frauenheld!"
„Hochmoderne Serientechnik steckt in so einem Tricycle: leichter Stahlrohrrahmen, in reibungsarmen Kugellagern laufende Drahtspeichenräder, Kettenantrieb und eine Gabellenkung." [1]
„In mir steckt die Kraft von sportlich durchtrainierten Waden."
„Dann versuch mal, einen Sack Kartoffeln auf einem Hochrad zu transportieren."
„Naja, also eigentlich, was will ich mit Kartoffeln?"
„Ein Hochrad kauft man nur so zum Spaß und zum angeben. Ein Tricycle ist vielseitig. Es gibt Renn-Dreiräder und Touren-Dreiräder und besondere Dreiräder für den Transport von Gütern, um den Menschen die Arbeit zu erleichtern."
„Alles schön und gut. Nein, nicht schön, aber vielleicht ganz gut."
„Ich gebe dir mal ein Beispiel, vielleicht passt das in dein kleines Nabenhirn: Mein Chef ist der Fotograf Clemens Seeber hier in Chemnitz. Er hat mich 1885 für 485 Mark gekauft. *
„Auch kein Pappenstiel!"
„Ich dreh mich mal, damit du mich von meiner Breitseite sehen kannst. Was liest du auf der Werbetafel zwischen meinen beiden kleinen Rädern?"
„Lesen?"
„Ach, ja. Du hast sicher deine Brille vergessen. Sei nicht traurig, ich lese es dir vor: *Photographisches Atelier Clemens Seeber*. Das ist Werbung für unser Atelier!"
„Jetzt erinnere ich mich, ich bin auch schon einmal fotografiert worden! Ist aber keine so gute Erinnerung. Ich sehe auf dem Foto aus, als hätte ich Schüttelrost. Das war in einem dunklen, stickigen Raum. Mein Herr und Meister stand mit Stolz geschwellter Brust und Pomade in den Haaren vor mir und hielt mich an der Lenkstange fest. Der Fotograf ist hinter seinem großen schwarzen Kasten verschwunden, hat die Kappe von der Linse genommen und dann, dann ist irgendetwas mit einem hellen Lichtblitz

* Etwa 8.600 Euro nach unserem heutigen Geld.

neben dem Fotokasten explodiert. Mein Herr und Meister ist so erschrocken, dass er die ganze Aufnahme verwackelt hat. – Seeber, Seeber ... in der Theaterstraße?"

„Genau! Mein Clemens Seeber! Pionier und ideenreicher Förderer der Fotografie. Er führte als einer der ersten die fotografische Trockenplatte hier in Chemnitz ein und wurde damit unabhängig von seinem Fotolabor. Wie du siehst, ist sein *photographisches Tricycle* mit verschiedenen Halterungen für eine drehbare Kamera, Stative und Behälter für die Glasplattennegative ausgerüstet. So kann er überall Fotoaufnahmen von Festumzügen, Ballonfahrten, Brandkatastrophen, Schlössern, Kirchen, Werkzeugen und Maschinen machen und ist damit einer der ersten Bildreporter Deutschlands."

„Meinst du, er könnte auch von mir ein Foto unter diesem schönen Eichenbaum ...?"

„Klar, wenn er von seinem Mittagessen drüben im Gasthaus zurück ist, lege ich ein gutes Wort für dich ein ..."

[1] Selbst das erste Automobil mit Benzinmotor von Carl Benz (1886) beruht auf der damals hochmodernen Dreirad-Serientechnik. Das Differenzialgetriebe wurde lange vor der späteren Anwendung in Motorfahrzeugen bei Dreirädern mit zwei Hinterrädern serienmäßig eingebaut.

Clemens Seeber * 16.12.1851 † 17.07.1905

1894 Josef Fischer

Mein Rad hat schnellere Beine!

William Frederick Cody, genannt Buffalo Bill, stapft über den staubigen Festplatz zum Wohnzelt hinüber. Die Sonne brennt ihm auf den Hut. Der Mann aus dem Wilden Westen klopft seine Stiefelsohlen an einem Stein vor der Eingangsplane ab. Auf der Straße holpert ein Pferdewagen vorbei. Der Mann an den Zügeln schwingt die Glocke und schreit: „Lumpen, Eisen und Papier – der Lumpenmann ist hier!"
Buffalo Bill schüttelt den Kopf. Jeden Tag liest er mit Medizinmann White Horst einige Artikel aus einer deutschen Zeitung, aber die Sprache will einfach nicht in seinen Kopf hinein. Meist muss ihm White Horst die Zeilen ins Englische übersetzen, so gut er eben kann. White Horst kommt aus Leipzig und kann auch nicht so viel Englisch.
Auf dem Festplatz hinter Buffalo Bill knallen Schüsse, Stimmen überschlagen sich, Trommeln werden geschlagen, die Buffalo-Bill-Show kommt zum Höhepunkt. Gleich wird die Friedenspfeife zwischen den Indianern und Cowboys geraucht, und dann ist die Show zu Ende! In drei Stunden startet die nächste.
Buffalo Bill schlägt die Plane zur Seite, zieht die Stiefel aus, hängt den Hut an den Nagel einer Stange und setzt sich an den Tisch.
„Wie läuft's?" fragt ihn Mrs. Cody.
„Ganz gut!"

Mrs. Cody stellt zwei Teller mit gebratenem Fleisch und roten Bohnen auf den Holztisch und setzt sich ebenfalls. „Am Wochenende wird es sicher wieder besser!"
„Es ist nicht mehr so, wie es mal war. Es gibt zu viel Konkurrenz! Gerade hier in München brauchen wir etwas Besonderes, um uns wieder ins Gespräch bringen!"
„Kanonen statt Donnerbüchsen?"
„Mach dich nur lustig! Wir haben 1894 und die beste Völkerschau der Welt! Wir zeigen Sioux, Cheyennes, Arapathoes – die echtesten Indianer, die wildesten Cowboys und die schnellsten Pferde, aber irgendwie scheint das alles nicht mehr zu genügen!"
Die Eingangsplane des Zelts wird zur Seite geschoben. Buffalo Bill junior tritt ein und setzt sich auf die Bank vor dem Tisch.
„Wie war der Beifall?" fragt Buffalo Bill seinen Sohn.
„Ging so!"
Mutter Cody nimmt einen Teller mit Bohneneintopf und stellt ihn vor ihren Sohn.
„Wenn ich etwas zu sagen hätte, würde ich von unseren Blutsbrüdern Büffel am Spieß braten lassen!" sagt Junior.
„Noch hast du aber nichts zu sagen!"
„Sieh dir bloß die Ochsenbratereien auf den Oktoberfesten an. Gegessen wird immer, und eine Portion kostet dort so viel wie die Eintrittkarte zu unserer Show!"
„Man verfeuert nicht das Holz, mit dem man bauen will!"
„Eine alte Cowboyregel?" fragt der Junior.
„White Horst hat es ihm aus der Zeitung vorgelesen!" sagt Mrs. Cody.
Buffalo Bill schiebt sich von der Holzbank, geht zum Eingang und hebt die Plane zur Seite. Einen Augenblick schaut er geistesabwesend hinaus. „Wir werden ihnen eine Sensation bieten, über die sie sich die Mäuler zerreißen!"
„Woran denkst du?" fragt Junior.
„Wir werden die interessanteste Frage der Zeit beantworten:

Wer ist schneller, das Pferd oder das Fahrrad!"
„Noch einmal ein Wettrennen wie damals in Paris?"
„Das würde uns die Aufmerksamkeit des Münchener Publikums über Monate sichern!"
„Auf mich kannst du zählen! Aber wer traut sich schon, gegen den König der Cowboys und Sohn des legendären Buffalo Bill anzutreten?"
„Dein Vorsprung in Paris war nur hauchdünn!" sagt Mrs. Cody. „Noch ein paar Runden, und du wärst vom Pferd gefallen!"
Buffalo Bill steigt in seine Stiefel und setzt den Hut auf. „White Horst hat mir einen Bericht über einen gewissen Josef Fischer vorgelesen, der auf seinem Fahrrad die 580 km lange Fernfahrt Wien-Berlin gewonnen habe."
„Und?"
„Ein Jahr zuvor, beim Distanzritt Wien-Berlin, war der schnellste berittene Offizier über siebzig Stunden unterwegs."
„Was willst du damit sagen?"

„Fischer brauchte weniger als die Hälfte der Zeit!"
„Wollen wir nicht doch lieber Büffel am Spieß anbieten?"
Man trifft sich im Münchener Veloziped-Club an der Schyrenstraße. Es treten gegeneinander an: Der Reiter Buffalo Bill junior gegen den Radsportler Josef Fischer. Ein Rennen an drei Tagen über insgesamt sieben Stunden ist vereinbart.
Eine riesige Menschenmenge verfolgt das Rennen. Fischer fährt auf der Innenbahn und Buffalo Bill junior reitet außen. Der Reiter darf sein Pferd austauschen, wodurch er allerdings jedes Mal ein bisschen Zeit verliert. Doch die Zuschauer sind begeistert, mit welcher Eleganz Buffalo Bill junior reitet und seine Pferde alle zwei bis drei Runden in vollem Galopp wechselt.
Josef Fischer fährt auf der Innenbahn hinter einem Tandem. Die zwei Fahrer bieten ihm den Windschatten, den er braucht, um seine Höchstgeschwindigkeit zu erreichen. Die Tandemfahrer wechseln sich mit einer zweiten Mannschaft ab, da sie selbst zu zweit Fischers Geschwindigkeit nicht über längere Zeit durchhalten können. Fischer fährt Runde um Runde einen kleinen Vorsprung gegen Buffalo Bill junior heraus. Nach den ersten zwei Stunden des Wettkampfes liegt Fischer zwölf Runden vor dem Reiter. Und er kann seinen Vorsprung noch ausbauen. Nach dem siebenstündigen Rennen über drei Tage hat Fischer 258 Kilometer zurückgelegt und Buffalo Bill junior 49,5 Kilometer weniger.
Buffalo Bill junior liegt auf der Bank im Wohnzelt, seine Stirn kühlt ein feuchtes Tuch, Medizinmann White Horst macht dem erschöpften Junior kalte Wadenwickel, und Vater Buffalo Bill gibt vor dem Zelt den herbeigeeilten Zeitungsreportern Auskunft. Er wägt ab, zieht in Zweifel und verspricht sogar ein neuerliches Kräftemessen in näherer Zukunft. Die Aufmerksamkeit des Publikums scheint gesichert.
„Dein Pferd ist schnell", sagt White Horst im Wohnwagen zu Junior, „aber mein Rad hat schnellere Beine!"

„Wieso *dein* Rad?" murmelt Junior.
„White Horst hat sich auch ein Rad gekauft, das neuste Modell, ein Niederrad mit Trapezrahmen, Handbremse und Ledersattel!"
„Verräter!" murmelt Junior.
„White Horst ist kein Verräter, White Horst ist ein großer Hellseher! Fahrräder werden auf der ganzen Welt siegen!"
„Ich hasse diesen Fischer. Ich kann nicht mal die Augen zumachen, schon sehe ich wieder seinen gekrümmten Rücken vor mir!"
„Josef Fischer wird großer Star!"
„Wer sagt das?"
„Mein Knochenorakel! Nächstes Jahr wird er das Rennen Mailand-München gewinnen. Ein Schnellzug braucht für die Strecke über den Brenner 17 Stunden, ein Postzug 38 Stunden – Josef Fischer wird es in 29,5 Stunden schaffen und gegen all seine Konkurrenten siegen!"
„Ich kriege Kopfschmerzen!"
„1896 wird Josef Fischer das große Rennen Paris-Roubaix gewinnen und 1900 auch Bordeaux-Paris!"
„In Amerika wird keiner seinen Namen kennen – aber Buffalo Bills Name bleibt ewig!"
„Beim ersten Sechstagerennen für Zweiermannschaften 1899 in New York wird Fischer mit einem französischen Kollegen Vierter. Vier Jahre später bei der ersten Tour de France kommt er als 15. der Gesamtwertung in Paris an. Da ist er allerdings schon 38 Jahre alt und ein bisschen zu alt für eine weitere große Karriere. Er wird als Chauffeur sein Geld verdienen und als erster deutscher Radstar in die Sportgeschichte eingehen! – Hugh, ich habe gesprochen!"
„White Horst?"
„Geht es dir besser?"
„Was kostet so ein Fahrrad?"

Josef Fischer * 10.01.1865 † 03.03.1953

1895-1897 Heinrich Horstmann
1951-1953 Heinz Helfgen

Mit dem Fahrrad um die Welt

In einer Hand hält Grandpa Ben eine Stuhllehne, mit der Fußspitze tippt er leicht eine Kufe an, traurig beginnt der Schaukelstuhl zu wippen – wie ein Segelschiff ohne Segel.
„Grandpa, können wir das alte Ding jetzt endlich wegschmeißen?"
„Brian, hol sofort Holzleim und Zwingen!"
„Dad hat dir schon zum letzten Weihnachtsfest einen neuen Rocking Chair geschenkt."
„Den hat Dustin!"
„Weil du ihn rübergebracht hast!"
„Er hatte keinen!"
„Was ist an dem alten Ding nur so wertvoll?" Brian rutscht aus seiner Hängematte, springt von der Veranda und stapft hinüber zur Garage neben dem Haus.
Grandpa Ben passt die herausgebrochene Lehne ein, sie will nicht richtig einrasten, er nimmt sein Taschenmesser und entfernt einige Holzspäne aus der Bruchstelle.
Brian kommt mit einem Topf Leim und schweren Eisenzwingen zurück. „Ich weiß, es ist dein Lieblingsstuhl", sagt er, „aber seine

Geschichte hast du mir nie erzählt!"
„Dieser Stuhl ist der Schatz unserer Familie!" Grandpa Ben streicht mit einem Pinsel Leim auf die Bruchstelle.
„Tonys Vater hat Aktien von Apple, Chris Eltern sammeln Nuggets und Ricks Vater hat ihm ein Ticket für einen Mondflug geschenkt! Das sind echte Schätze!" Brian drückt die Lehne in die eingepinselte Bruchstelle.
„Aber auf diesem Stuhl saßen schon zwei Hintern, die in die Sportgeschichte eingegangen sind! Einen solchen Stuhl hat sonst keiner auf der Welt!"
„Da bin ich aber gespannt!" Brian legt sich in seine Hängematte, und Grandpa Ben steckt sich eine Pfeife an.
„Es war im Jahre 1895, so erzählte mir mein Grandpa John, das Jahr, in dem die Gebrüder Lumière ihre erste öffentliche Filmvorführung in Paris veranstalteten, Wilhelm Conrad Röntgen die nach ihm benannten Röntgenstrahlen entdeckte, bei uns Grover Cleveland Präsident war und drüben in Deutschland Kaiser Wilhelm II. regierte."
„Morgen spielen die Dallas Mavericks. Spendierst du mir eine Eintrittskarte für das tolle Basketballspiel?"
„Da verabschiedete sich am 2. Mai 1895 im fernen Deutschland Heinrich Horstmann von seinen Verwandten und Bekannten, um die Welt auf seinem Fahrrad zu umrunden. Er ist als jüngster Weltumfahrer aller Zeiten in die Fahrradgeschichte eingegangen."
„Den kennen wirklich alle, nur ich nicht?"
„Horstmann war erst 20 Jahre alt, als er in Dortmund zur Weltumrundung aufbrach. – Mein Grandpa hat ein ganzes Archiv mit Zeitungsausschnitten und persönlichen Notizen über ihn hinterlassen. – Horstmann musste gegen seinen Willen bei seinem Vater das Schmiedehandwerk erlernen, viel lieber wäre er Kaufmann geworden.

Nach zweijähriger Schmiedelehre kam er in eine Fabrik für Nähmaschinen und Fahrräder. Doch er wollte mehr. Schnell hatte er begriffen: Wer etwas gelten will in der Welt, muss Außergewöhnliches vollbringen, Rekorde aufstellen oder um irgendeine Verrücktheit wetten!"

Brian schwingt sich aus der Hängematte. „Ich hol mir rasch 'ne Cola!"

Grandpa Ben verstärkt die Lautstärke seiner Stimme: „Horstmann schloss also eine notariell beglaubigte Wette über 20.000 Mark ab, er werde mit keinem Pfennig in der Tasche auf seinem Fahrrad die Welt umrunden, aber mit 5.000 Mark zurückkehren. Sofort interessierten sich die Zeitungen für diese Sensation, und die Menschen verschlangen Horstmanns Berichte von der Reise von der ersten bis zur letzten Zeile. Im Laufe seiner Reise vergaß er dann so ganz nebenbei die Wette, und es erinnerte ihn auch niemand mehr daran!"

Brian kommt zurück, setzt sich quer in die Hängematte und schaukelt. „Für eine ordentliche Wette hätte ich es vielleicht auch gemacht!"

„Auf Horstmanns Fahrrad würdest du nicht mal bis zu deiner Highschool kommen."

„Wär' doch auch schön blöd, auf einem Fahrrad hinter dem Schulbus herzufahren!"

„Und wenn der Bus mal nicht fährt?"

„Nimmt mich jemand im Auto mit!"

„Horstmann bekam also für seine Fahrt ein Rad nach dem neuesten technischen Stand gestellt. Er fuhr auf 26-Zoll-Rädern, die mit den gerade auf den Markt gekommenen Continental-Pneumatic-Reifen ausgestattet waren. Die Felgen waren aus Holz. Das Fahrrad hatte auch keine Kotschützer, wie man die Schutzbleche damals nannte, keine Bremsen und keinen Freilauf. Die Pedale drehten also ständig mit wie bei den heutigen Kinderdreirädern. Wollte Horstmann anhalten, konnte er sich nur gegen die rotierenden

Pedale stemmen. Ging es bergab, war es besonders gefährlich. Dann presste er bei wirbelnden Pedalen die Schuhsohle gegen den Vorderreifen und hoffte, dass es bald wieder bergauf ginge!"
„Wie gut, dass ihn unser Sheriff nicht gesehen hat!"
„Zwei Hemden, drei Paar Socken, ein paar Ersatzteile und seine schwarze Flöte nahm er auch noch mit. Wenn es warm genug war, fuhr er in kurzer Hose! Damals trugen alle Männer lange Hosen. Darum wurde Horstmann bestaunt, belächelt, aber oft auch als sittenlos beschimpft."
„Wenn ich mir sein vorsintflutliches Fahrrad vorstelle und dann das ganze Gepäck obendrauf!" Brian lacht und prostet Grandpa Ben mit seiner Cola zu.
„30 Kilogramm wog sein Fahrrad samt Gepäck, und beides musste er oft genug auch schleppen!"
„Ein Fahrrad hat eben keinen Kofferraum!"
„Am 2. Mai startete Heinrich Horstmann in Dortmund, fuhr durch die Niederlande, wurde in Belgien vom König empfangen, setzte über nach England und bestieg knapp drei Wochen nach seinem Start in Liverpool ein Schiff nach Philadelphia. Am 1. September 1895 erreichte Horstmann die Küste unserer Vereinigten Staaten, er radelte von Philadelphia nach New York, fuhr anschließend zu den Niagarafällen, wurde in Chicago von sehr viel Schnee überrascht und konnte erst im neuen Jahr in Richtung Illinois und Arkansas weiterreisen."
„Der ist ja in den USA weiter rumgekommen als ich, und wir haben sogar zwei Autos!"
„Man kann viel, wenn man nur will! Horstmann jedenfalls erreichte unser Texas so Anfang April 1896. Seinen Aufzeichnungen nach fand er einen riesigen Staat mit fruchtbarem Land im Osten vor, aber auch mit kahlen Felsgebirgen und Prärien in den restlichen Regionen. Er fuhr meist auf Bahndämmen, und wenn er Glück hatte, waren die Abstände zwischen den Schwellen mit Lehm

gefüllt. Wenn er ganz großes Glück hatte, lagen in der Mitte der Schienen Holzbohlen, eigentlich für die Streckenläufer der Bahn gedacht, aber sie ließen sich auch ganz gut mit dem Rad befahren."

„Wahnsinn! Vor 100 Jahren gab es noch keine vernünftigen Straßen in Amerika?"
„Horstmann hatte aber nicht nur mit schlechten Wegen zu kämpfen. Im Wald hinter Texarkana traf er auf einen Landstreicher, der ihn um Kautabak bat. Doch Horstmann konnte ihm nicht helfen, da er Kautabak abscheulich fand. Der Landstreicher fragte ihn noch nach der Uhrzeit, die konnte ihm Horstmann sagen. Er zog seine Uhr aus der Tasche und merkte im gleichen Augenblick, wie der Landstreicher in seine hintere Tasche griff. Schon hörte er: ‚Hände ...', aber bis der Landstreicher ‚... hoch!' rufen konnte, hatte Horstmann seine Uhr fallengelassen und seinen eigenen Revolver gezogen. Zwei Schüsse krachten fast gleichzeitig. Der Landstreicher schaute Horstmann einen Augenblick lang verdutzt an und fiel dann lautlos nach hinten. Horstmann war durch einen Streifschuss nur leicht an der Schulter verletzt worden. Er wollte den Vorfall in Anona dem Sheriff melden und fand ihn in einem Saloon. ‚Und...', fragte der Sheriff nach Horstmanns Bericht, ‚was soll ich Ihrer Meinung nach jetzt tun? Wenn er tot ist, ist er tot und wenn er nicht tot ist, finde ich ihn jetzt auch nicht mehr!'
„Der hatte es aber drauf!"
Grandpa Ben erhebt sich schwerfällig.
„Wo willst du hin?" fragt Brian.
„Ich hol mir ein Bier!"
„Das kann ich doch machen!" Schon ist Brian auf den Beinen. „Dann geht's schneller weiter!" Grandpa Ben schaut ihm über den Brillenrand nach.
Kaum ist Brian mit dem Bier zurück, reißt Grandpa Ben die Dose am Clip auf und trinkt direkt aus der Dose.
„Und?" fragt Brian.
„Was, und?"
„Wie ist Horstmann zu uns gekommen?"
„Zufällig, rein zufällig!"

„Nun mach's nicht so spannend!"
„Mein Grandpa John", Grandpa Ben zählt etwas an den Fingern ab, „dein Ur-Ur-Großvater also, saß eines Abends hier auf der Veranda, da kam der junge Mann angeradelt und bat um einen Schluck Wasser und ein Nachtquartier."
„Und das stimmt auch wirklich?"
„Auf diesem Sessel hat er gesessen!" Grandpa Ben wischt eine Leimträne von der frisch angeklebten Lehne. „Und es sollte ein sehr unterhaltsamer Abend werden. Horstmann trank gerne Bier und mein Grandpa John auch. Sie kamen in Stimmung, eine Geschichte wurde mit der nächsten beantwortet und Horstmann erzählte, was ihm in Amerika besonders aufgefallen war. – Mein Grandpa John hat das dann am nächsten Tag alles aufgeschrieben, weil er es so komisch fand. – Horstmann kam also in das Städtchen McKinney und wollte zur Stärkung ein Glas Bier trinken. Er sucht eine Gastwirtschaft, doch Bier durfte zur damaligen Zeit in McKinney nicht ausgeschenkt werden. Es herrschte strengstes Alkoholverbot! Der Wirt gab Horstmann den Rat, *Maltonic* zu probieren. Horstmann trank aus der kleinen Flasche ohne Etikett, erst vorsichtig, dann immer begeisterter. Es schmeckte nicht nur nach Bier, es war Bier! Es war gutes Bier aus Milwaukee, wie der Wirt bestätigte. Da aber Bier in McKinney verboten war, trank man es eben als *Maltonic*, und Whiskey wurde als *Peruna* ausgeschenkt.
Doch damit hatte das Wundern für Horstmann noch kein Ende. Um das Kegeln zu verbieten, wurde ein Gesetz gegen das Neun-Kegel-Spiel erlassen. Und was machte der Amerikaner? – Hier hat mein Grandpa John vermerkt: Horstmann lachte sich krumm! – Der Amerikaner stellte einfach einen zehnten Kegel zu den neun verbotenen, und schon war das Spiel wieder erlaubt! Einen solchen Umgang mit dem Gesetz fand Horstmann einfach unglaublich. In seinem kaiserlichen Deutschland wäre so etwas

nicht möglich gewesen!" Grandpa Ben trinkt den letzten Tropfen aus seiner Bierdose, dreht sie um und schüttelt sie. „Leer! – Ich gehe ins Bett!"
„Und was war mit der anderen Berühmtheit, die schon auf diesem Schaukelstuhl gesessen hatte?"
„Davon erzähle ich dir ein anderes Mal!"
„Morgen?"
„Erst wird Dads Wagen gewaschen!" Grandpa Ben prüft den Halt der Stuhllehne. „Und tagsüber habe ich keine Zeit!"
„Okay!"
Als Grandpa Ben am nächsten Abend nach dem Essen auf die Veranda tritt, um mal wieder den einmaligen Sonnenuntergang über Texas zu erleben, steht neben seinem Schaukelstuhl eine blaue Kühltasche, und Brian liegt in seiner Hängematte und liest in einem Comic-Heft.
Grandpa Ben schiebt den Schaukelstuhl in Ost-West-Richtung und fühlt mit einem Finger nach der Klebestelle der Lehne. „Trocken?"
„Trocken!" murmelt Brian, ohne von seinem Comic-Heft aufzusehen.
„Dann will ich mich mal setzen!" Grandpa Ben senkt sich ganz vorsichtig auf den Sitz des Schaukelstuhls, lehnt sich an und beginnt, vorsichtig zu schaukeln. „Was liegt an?"
„Die zweite Berühmtheit!"
„Ich dachte, die hättest du längst vergessen!" Grandpa Ben beugt sich zur Kühltasche herunter, zieht den Reißverschluss auf und nimmt eine Bierdose heraus. „Nur noch eine drin!"
„Wenn die Dose nicht reicht, musst du es nur sagen!" Brian lässt das Comic-Heft auf die Bank unter dem Fenster segeln, richtet sich auf und schwingt die Beine aus seiner Hängematte.
„Es gibt wohl nichts Vernünftiges im Fernsehen?" Grandpa Ben grinst.

„Bloß diese dämlichen Talkshows!"
„Dann will ich dir mal die Zeit bis zur nächsten Sportübertragung verkürzen."
„Soll ich dir noch ein Kissen holen?"
„Danke, es geht auch so!" Grandpa Ben reißt die Bierdose auf und trinkt ein paar tiefe Schlucke. „Es war also 57 Jahre nach Horstmann, als wieder ein Radler auf seiner Weltumrundung bei uns vorbeischaute. Hier auf diesem Rocking Chair hat er gesessen und mir von seinen Erlebnissen berichtet. Heinz Helfgen hieß er. Wieder ein Deutscher! Helfgen war bei seiner Weltumrundung bereits doppelt so alt wie Horstmann. Doch Helfgen war ein sportlicher Mann und hätte seinen Leistungen nach sicher an den Olympischen Spielen 1936 in Berlin teilnehmen können. Doch zwei Jahre vor den Spielen veröffentlichte er als Journalist einen kritischen Bericht über die herrschende kriegstreibende Nazi-Partei NSDAP und wurde für mehr als ein Jahr ins Gefängnis gesteckt. Da konnte er seine Olympiateilnahme natürlich vergessen!"
„Scheiß-Nazis!"
„Das sagt man zwar nicht, aber es stimmt! – Aus dem Zweiten Weltkrieg kam Helfgen als Spätheimkehrer aus der Kriegsgefangenschaft zurück und fand keine Arbeit in seinem Beruf. Doch er hatte eine Idee wie er seine Familie über Wasser halten könnte: Er wollte mit außergewöhnlichen Reiseberichten Geld verdienen. Am 3. September 1951 brach er also zu seiner Weltumrundung mit dem Fahrrad auf. Und seine Reiseberichte kamen an. Schon nach wenigen Wochen fieberte ein Millionenpublikum den ein- bis zweimal wöchentlich in der damals führenden Boulevardzeitung ‚Die Abendpost' erscheinenden Berichten entgegen. 157 Folgen seiner Reiseberichte sind bis heute einsamer Rekord in der deutschen Zeitungsgeschichte."
„Warum fällt mir nie so etwas ein?"

„Für seine Reise benutzte er ein Tourenrad mit einem damals verwendeten Stahlrahmen. Es hatte eine Dreigang-Kettenschaltung mit Rücktrittbremse, und für Essen und Trinken hat er 3,80 Mark in der Tasche. Im Gegensatz zu Horstmann fuhr Helfgen von West nach Ost. Hinter ihm lagen bereits Europa, Asien, der Pazifische Ozean und auf dem amerikanischen Kontinent Kalifornien, Nevada, Arizona und New Mexico. Als er Anfang April 1953 hier in Texas eintraf, hatte er seine Erfahrungen mit Amerika bereits gemacht. Erst wollte er nicht mit der Sprache herausrücken und nichts Unhöfliches gegenüber seinen Gastgebern sagen. Aber viel lieber als durch Amerika sei er durch Asien geradelt. Dort, so fand er, sei alles viel einfacher, weil die Asiaten – seiner Meinung nach – helfen, ohne zu fragen. Die Amerikaner wollten immer gebeten werden. Er hungerte oft in den Wochen, in denen er schon in Amerika unterwegs war. Oft war er auch ohne Geld und schlief im Schatten supermoderner Städte in seinem kleinen Zelt. Ein Radfahrer werde in Amerika einfach nicht beachtet. Zu spät habe er erkannt, dass man in Amerika einen Manager brauche, der Propaganda für einen Weltreisenden auf dem Fahrrad machen müsse, wenn etwas dabei herausspringen solle.
Und Texas, das Land der unendlichen Weite, empfing ihn auch nicht gerade freundlich. Zunächst hatte er den Wind gegen sich. Nur mühsam ging es mit eingezogenem Kopf voran. Plötzlich zischte es. Mal wieder eine Panne! Er zog den Mantel von der Felge und fand einen winzigen Dorn im Schlauch. Kaum war der Reifen geflickt und Helfgen ein paar hundert Meter gefahren, hörte er wieder dieses gemeine Zischen. Auf 50 Kilometern musste er die Reifen 14-mal flicken. Panne über Panne stellte sich ein. Genervt reparierte er sein Rad an einer Tankstelle, doch der Tankwart lachte nur über ihn. Goldheads hieße der stachelige Strauch. Er sehe doch recht schön aus, und dass seine Dornen etwas gegen Helfgens Fahrradreifen hätten, wäre doch wohl

sein persönliches Problem. Schließlich, so sagte der Tankwart, käme bei den Entfernungen hier in Texas sonst keiner auf die Idee, mit dem Fahrrad zu reisen, wo es doch so komfortable Fortbewegungsmittel wie Auto und Eisenbahn gebe."

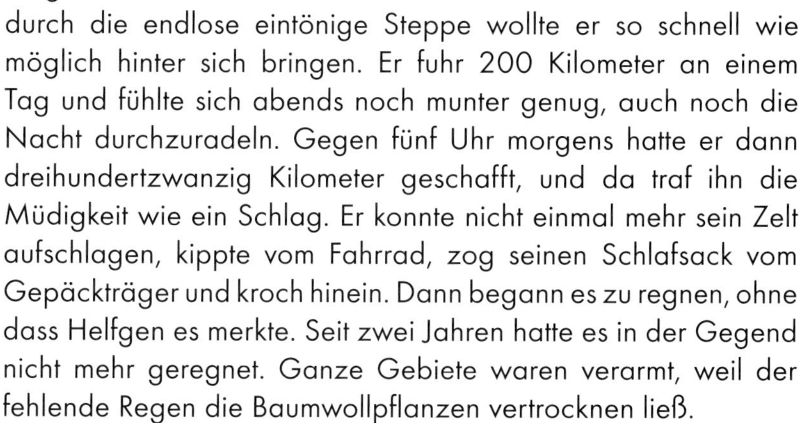

„Wo er Recht hat, hat er Recht!"

„Doch damit war das Texas-Abenteuer für Heinz Helfgen noch lange nicht ausgestanden. Da der Wind hinter Amarillo etwas nachließ, trat er in die Pedale, was seine Beine hergaben. Die 1.000 Kilometer durch die endlose eintönige Steppe wollte er so schnell wie möglich hinter sich bringen. Er fuhr 200 Kilometer an einem Tag und fühlte sich abends noch munter genug, auch noch die Nacht durchzuradeln. Gegen fünf Uhr morgens hatte er dann dreihundertzwanzig Kilometer geschafft, und da traf ihn die Müdigkeit wie ein Schlag. Er konnte nicht einmal mehr sein Zelt aufschlagen, kippte vom Fahrrad, zog seinen Schlafsack vom Gepäckträger und kroch hinein. Dann begann es zu regnen, ohne dass Helfgen es merkte. Seit zwei Jahren hatte es in der Gegend nicht mehr geregnet. Ganze Gebiete waren verarmt, weil der fehlende Regen die Baumwollpflanzen vertrocknen ließ.

Als Helfgen erwachte war er klitschnass. Er lag in einer Wasserlache, die sich innerhalb kurzer Zeit gebildet hatte. Der Schlamm quoll aus allen Ecken seines Schlafsacks. Neben ihm floss ein reißender Bach, der seine abgelegten Sachen weggeschwemmt hatte. Wie durch einen Schleier sah er in einiger

Entfernung eine Straße. Hunderte von Autos sausten vorüber, in seiner Müdigkeit unerreichbar für ihn. Um sich einen trockenen Platz zu schaffen, schlug er sein Zelt auf, wusch sich und hängte seine durchweichte Kleidung im Regen an die Zeltleine. So saß er nackt im Zelt und wartete auf Sonne und trocknenden Wind. Seine Zähne klapperten, und Hunger hatte er auch. Wie gern hätte er jetzt sein Fahrrad für eine Weiterfahrt mit dem Automobil eingetauscht."

„Wer den Schaden hat, spottet jeder Beschreibung – sagt Dad immer!"

„Naja, der Regen ließ nach, und die Sonne heizte sein Zelt auf. Schließlich waren Hemd, Hose, Socken und Schuhe etwas angetrocknet. Helfgen beschoss, in die nächste Ortschaft zu laufen. Seine Sachen musste er an Ort und Stelle zurücklassen, weil sie durch den Regen zu schwer geworden waren, allein der Schlafsack wog wohl einen halben Zentner.

In zehn Kilometern Entfernung fand er eine kleine Ortschaft und eine Tankstelle. Er erzählte einigen herumstehenden Jugendlichen von seinem Pech. Die unternehmungslustige Gesellschaft packte ihn in eins der Autos und raste mit ihm zur Unglücksstelle."

„Party!" jubelt Brian. „Überall ist Party!"

„Helfgen stellte verwundert fest, dass fast alle Jungen und viele Mädchen in Amerika schon früh ein eigenes Auto haben. Aber meist seien es alte Klapperkisten, die sie für wenige Dollars dem Autofriedhof abgetrotzt hätten."

„Immer noch besser als ein Fahrrad!"

„Die jungen Leute halfen ihm, seine verbliebenen Sachen wieder in Ordnung zu bringen und das Fahrrad zu richten. So kam Helfgen am nächsten Tag zu uns nach Dallas. Die Stadt beeindruckte ihn schon sehr, besonders die Wolkenkratzer in der Innenstadt. Trotzdem war er schon ein bisschen überheblich! Darum hatten wir uns etwas ausgedacht, diesen aufrechten

Deutschen ein wenig zu verwirren. Mein Freund Sam war damals eine ziemliche Größe beim Catchen, für Helfgen hatten wir es amerikanische Ringkämpfe genannt. Eines Abends haben wir Helfgen dann zu einem solchen amerikanischen Ringkampf mitgenommen. Ich erinnere mich noch genau an den Abend. Es erschien also der Weltmeister McShean in einem fantastischen Hermelin-Mantel. Kaum war er im Ring, streckte er dem Publikum auch schon die Zunge heraus. Ohne ein Zeichen des Ringrichters abzuwarten, schlug er seinen Gegner mit ein paar Fausthieben zu Boden. Und sein Gegner war der Liebling der Zuschauer! Als der Schiedsrichter dazwischen gehen wollte, wurde er vom Weltmeister aus dem Ring gefeuert. Schließlich beteiligte sich sogar ein Teil des Publikums an dem Ringkampf. Auch Helfgen sprang von seinem Sitz auf, um sich einzumischen."

„Was für ein Greenhorn!"

„Aber Sam hielt ihn zurück: ‚He, nimm das alles nicht so ernst.' sagte er. ‚Das ist doch alles nur Show!' Und dann brachte er Helfgen so richtig aus der Fassung. Er erzählte ihm ohne große Umschweife, dass es sich bei all diesen Kämpfen nicht um Sport, sondern um Show handelt. Oft würden die großen Kämpfe sogar vorher geprobt. Um die Kämpfe interessant zu machen, müsse ein Ringer die Sympathie des Publikums auf sich lenken, und sein Gegner zöge den Hass auf sich. Dabei werde der Böse sogar vertraglich verpflichtet, sich so unsportlich und übel wie nur möglich zu verhalten. Im Augenblick sei der am meisten gehasste amerikanische Show-Ringer ein so genannter Lord Carlton, privat ein durchaus sympathischer Engländer. Doch habe er in Rundfunk und Fernsehen den Zorn auf sich gezogen, weil er die Amerikaner als schlechteste Sportsleute der Welt bezeichnet hat. Jetzt schlage Lord Carlton seine amerikanischen Gegner nur noch vor vollbesetzten Häusern. Ganz Amerika möchte diesen Kerl endlich besiegt sehen, doch dürfe er erst verlieren, wenn

seine Manager den rechten Moment für gekommen hielten."
Grandpa Ben dreht die Bierdose um, nur ein paar Tropfen fallen noch auf das Holz der Veranda. Brian springt aus seiner Hängematte. „Eine gute Show ist immer noch besser als ein schlechtes Spiel!" Er holt Grandpa Ben eine neue Dose Bier.
„Helfgen war total erschüttert!" ruft Grandpa Ben seinem Enkel lachend hinterher. „Mit einem Skandal würde die kleinste Sache zur Sensation gemacht, meinte er. Auf nichts könne man sich in Amerika verlassen! Alles nur Bluff!"
Brian gibt Grandpa Ben das Bier und bleibt vor ihm stehen.
„Wenn du etwas vorhast, will ich dich so wenig aufhalten, wie ich Helfgen aufhalten konnte. Am nächsten Morgen verließ er nämlich Dallas in südöstliche Richtung. Sein Ziel war New Orleans im Staat Louisiana."
„Und ihr habt ihm hinterher gefeixt!"
„Seine Ahnungslosigkeit hatte schon etwas Rührendes. Und trotzdem war er ein großer Sportler. Ich habe noch einige seiner Berichte gelesen, die er von seiner weiteren Reise geschrieben hatte. Östlich von Dallas fand er dann endlich die angenehmeren Seiten von Texas. Helfgen erlebte ein Frühlingsgrün wie Zuhause und vieles erinnerte ihn an seine Heimat. Er radelte auf ausgezeichneten Straßen durch gepflegte Kleinstädte. Zum Staunen fand er die Ölbohrtürme, die das schwarze Gold aus einer Tiefe von bis zu 4.000 Metern fördern konnten. Öl und saftige Viehweiden, notierte er, seien der Reichtum des Landes. Aber Helfgen entdeckte auch den größten Feind der Amerikaner: das Auto. Jeder dritte Amerikaner, so hatte er irgendwo erfahren, müsse sich mit Autoschulden herumschlagen und die Straßenränder seien übersät mit Autoschrott."
„Geht's ein bisschen schneller? Die Mavericks spielen gleich!"
„Von wem hast du die Karte?"
„Von Pa!"

„Wie er in seinen weiteren Berichten schrieb, erreichte Helfgen schließlich den Golf von Mexiko, besuchte in Kuba Ernest Hemingway, verteilte auf Jamaika Autogramme und erreichte in Venezuela den südamerikanischen Kontinent. Er durchquerte auf seinem Fahrrad die grüne Hölle vom Orinoco zum Amazonas, erreichte Brasilien und erkrankte an Malaria und Amöbenruhr. Er berappelte sich und wurde nach Manaos, der Hauptstadt des damaligen Staates Amazonas, ausgeflogen. Dann ging es weiter nach Belem am Atlantischen Ozean. Dort lag die MS Liebenstein, ein Schiff der Bremer Lloyds, vor Anker. Helfgen konnte an Bord gehen und sich nach zweieinhalb Jahren Weltumradlung nach Hamburg schaukeln lassen, ohne noch einmal in die Pedale treten zu müssen."
„Man muss ganz schön verrückt sein, die Erde auf einem Fahrrad zu umrunden!"
„Vor allem braucht man eine Menge Mut, Geschick, Ausdauer und Glück für ein solches Unternehmen."
„Warum schaust du mich so an?"
„Du würdest es wahrscheinlich nie schaffen. Dir fehlt einfach die wichtigste Voraussetzung für ein solches Unternehmen, Brian McDonald!"
„Mir?"
„Der Buchstabe H fehlt in deinem Namen. Ein H als erster Buchstabe in Vor- und Zunamen ist schon fast die Garantie für ein glückliches Gelingen: Heinrich Horstmann und Heinz Helfgen haben es bewiesen!"

Heinrich Horstmann	* 30.10.1874	† 04.05.1945
Heinz Helfgen	* 07.03.1910	† 28.10.1990

1897 Amalie Rother

So fahren die Damen

Lieber Altertumsforscher,

wenn Du diesen Brief findest, haben wir vielleicht schon das Jahr 1950, 1960 oder sogar schon 2000. Bis dahin hat man gewiss längst vergessen, wie ungerecht die Welt zu meiner Zeit ist! Darum wickle ich den fertigen Brief an Dich in ein Wachstuch ein, lege ihn erst in eine Zigarrenkiste und dann in eine Keksdose aus Blech. Die Dose vergrabe ich im Garten unter dem Holunderbusch.

Jetzt hast du die Dose und den Brief gefunden und möchtest sicher wissen, wer dir diesen Brief geschrieben hat. Ich bin Klara Wohlleben und sechzehn Jahre alt. Ich habe zwei Brüder, die älter sind als ich, mein Vater ist Apotheker und meine Mutter Hausfrau.

Daran kannst du nicht viel Ungerechtes finden? Meine beiden Brüder haben jeder ein Fahrrad. Damit sausen sie jeden Tag durch die Gegend, und manchmal machen sie sogar Fahrten über mehrere Tage. Einmal war Claus mit seinen Kameraden am

Bodensee, und ein anderes Mal ist mein ältester Bruder Walter sogar bis zum Meer gefahren.
Und was habe ich? Stubenarrest! 14 Tage lang! Weil ich auf Walters Fahrrad gefahren bin, und mich der Herr Pastor gesehen hat. Er musste mich natürlich sofort bei meinem Vater anschwärzen, und jetzt sitze ich in der Stube und schreibe alles auf, während vor dem Fenster die Sonne scheint und die Vögel zwitschern. Wie gerne würde ich jetzt draußen mit meiner Freundin Martha spielen! Am liebsten würde ich aber auf einem Fahrrad durch die Gegend sausen, ganz tief die Luft einatmen und mir die Haare vom Wind zerzausen lassen.
Die Welt ist so ungerecht! Sie ist nicht in Himmel und Erde, Wasser und Land eingeteilt, sondern in Männer und Frauen. Alles wollen die Männer nur für sich allein behalten! So treiben sie Sport, und darum ist der Sport in ihren Augen auch unweiblich. Aber warum soll gerade der Sport unweiblich sein? Ich nehme niemandem etwas weg und tue auch niemandem weh, wenn ich turne, Schlittschuh laufe oder Rad fahre!
Ich hatte mir auf dem Speicher aus einem alten Koffer ein paar abgelegte Sachen von meinen Brüdern „ausgeliehen", eine Hose und eine Jacke von Claus und die speckige Ballonmütze von Walter, mit der ich meine Haare und das halbe Gesicht verdecken konnte. Dann habe ich mich erst gar nicht getraut, Walter zu fragen, und Walter hat sich auch ganz schön bitten lassen, bis er eines Tages sein Fahrrad aus dem Keller geholt hat. „Du hast Glück", hat Walter gesagt, „dass es jetzt die Niederräder mit den schönen Pneumatics gibt. So nennt man diese neuen und bequemen Luftreifen. Auf einem Hochrad hättest du ausgesehen wie ein Affe auf dem Schleifstein – wenn du überhaupt bis auf den Sattel hinaufgekommen wärst!"
„Angeber!" hab ich gemurmelt, aber das durfte er nicht hören, sonst hätte er sein Rad sicher sofort wieder in den Keller getragen!

Walter ist auf seinem Rad bis ins freie Feld gefahren, und ich bin hinterher gelaufen. Endlich ist Walter abgestiegen, ich durfte mich auf den Sattel setzen. Mit den Händen habe ich mich an die Lenkstange geklammert. Dann durfte ich losfahren. Aber wie sollte das gehen? Ich hatte es schon so oft gesehen und wusste doch nicht, wie es ging. Schließlich schob mich Walter an, das Rad rollte vorwärts, ich musste gleichzeitig in die Pedale treten und das Gleichgewicht auf dem schwankenden Rad halten, und schon lag ich im Graben. Walter wollte sich totlachen, ich habe geheult, Claus Hose war am Knie zerrissen, und Walter wollte das Rad wieder nach Hause fahren und in den Keller tragen. Doch ich habe die Tränen abgewischt, die Zähne zusammengebissen und bin wieder losgefahren. Walter ist ein netter Bruder. Er hat so lange das Rad gehalten, bis ich die ersten Meter allein fahren konnte. Ich habe Walter dafür eine Woche lang meinen Nachtisch gegeben.

So oft es ging, habe ich mich verkleidet und heimlich das Fahrrad aus dem Keller geholt. Ich konnte zwar mit einigen Schwankungen allein geradeaus fahren, aber leider haben die Wegebauer nicht nur gerade Wege gebaut, sondern zu allem Überfluss jede Menge Kurven erfunden. Es hat viele blaue Flecken gegeben, bevor ich zum ersten Mal ohne anzuhalten wenden konnte und die gleiche Strecke zurückgefahren bin, die ich schon vom Hinweg kannte. Ich habe geübt und geübt und darüber meine Strickarbeit für Mutters Geburtstag fast vergessen. Aber Martha hat mir beim Stricken geholfen, und die Handschuhe sind noch rechtzeitig fertig geworden. Allerdings hat Mutter ein wenig die Nase gerümpft, als sie die Handschuhe genau betrachtet hat. Sie waren eben nicht so sorgfältig gearbeitet, wie sie es sonst von mir gewohnt war. Aber ich, ich konnte endlich Rad fahren!

Jetzt traute ich mich sogar am Nachmittag auf eine stille Straße hinter der Schule. Erst fuhr ich immer nur ein Stück, hielt an und

sah mich um, ob mich auch niemand beobachtete. Doch eines Tages trat mir unser Lehrer Rosenzweig völlig überraschend in den Weg. Vor Schreck wäre ich fast vom Rad gefallen. Doch er erkannte mich nicht, erwiderte mürrisch meinen Gruß, und ich konnte mit zitternden Knien in eine Allee abbiegen und aus seinem Blickfeld verschwinden.

Doch auf dieser Allee war ich noch nie gefahren. Die Straße war schmal, aber mein Fahrrad rollte fast wie von selbst auf dem ebenen Pflaster. Aber, oh Gott, plötzlich tauchte in der Ferne ein Fuhrwerk auf. Ich war mit dem Rad noch nie einem Fuhrwerk begegnet! Was sollte ich machen? Umkehren konnte ich nicht, sonst wäre ich dem Lehrer Rosenzweig vielleicht direkt in die

Arme gefahren, und er hätte mich doch noch erkannt. Meine Beine zitterten, der Schweiß lief mir den Rücken herunter, und das Fuhrwerk kam in rasanter Geschwindigkeit näher. So kam es mir wenigstens vor.
Oje, ich muss meinen Bericht unterbrechen. Ich höre Schritte auf der Treppe!
Puh, es war nur mein Bruder Walter. Er hat mir ein paar bedruckte Seiten auf den leeren Stuhl geschmissen. „Damit du weißt, wie man sich als angehende Radfahrerin zu benehmen hat!" Dabei hat er ganz unverschämt gegrinst.
Bestimmt ist es wieder so eine Anweisung: Du sollst, du musst, und wie man sich auf keinen Fall als Fräulein benehmen darf.
Ich werde keine Zeile davon lesen! Nur vielleicht einen Blick darauf werfen. Einen einzigen. – Und was lese ich als erstes?

Wagenfieber! Ein entsetzliches Angstgefühl packt uns, der Schweiß bricht aus, die schlimmste Anfängerkrankheit, das Wagenfieber, ist da. Wehe dem, der jetzt dem Angstgefühl nachgibt und von der Maschine springt. Hat er das einmal getan, so wiederholt er es unfehlbar, bei jedem neuen Wagen wird die Angst größer, das Wagenfieber nimmt beängstigende Dimensionen an. Da hilft alles nichts, mutig drauf los auf das böse Hindernis!

Genau so habe ich es gemacht. Und da war das Fuhrwerk auch schon vorbei! Ich drehte mich um, wollte ihm noch eine herausgestreckte Zunge hinterherschicken, aber da war ein Baum im Weg, und ich lag mal wieder im Graben.
Jetzt blättere ich die Seiten doch durch. Wer das Wagenfieber kennt, muss Ahnung vom Radfahren haben!
Lieber Altertumsforscher, ich lege ein paar Seiten von dem Bericht *Wie wir Frauen anfingen, Rad zu fahren* zu meinem Brief in die Blechdose. Damit du siehst, wie schwer wir Frauen es zu meiner

Zeit mit dem Radfahren hatten. Den Bericht hat Amalie Rother geschrieben!

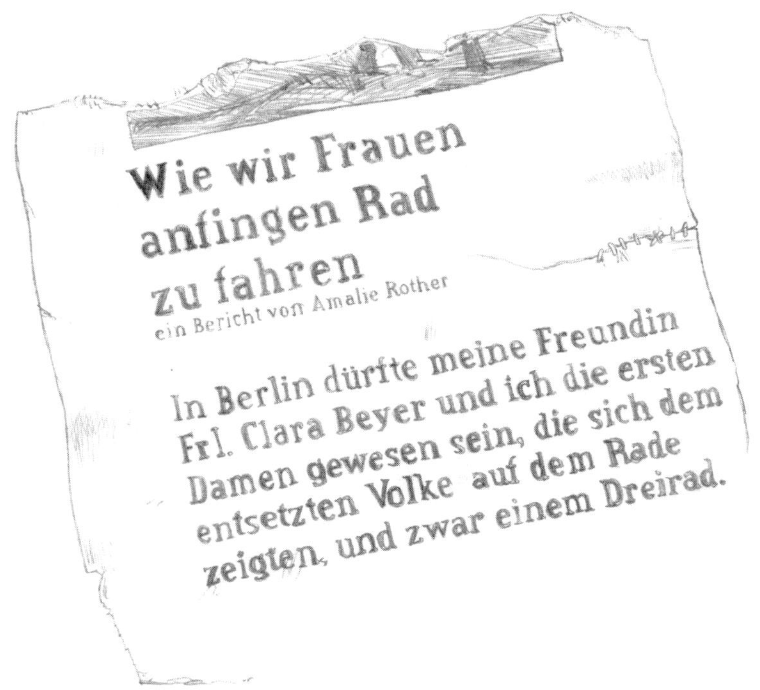

Wie wir Frauen anfingen Rad zu fahren

ein Bericht von Amalie Rother

In Berlin dürfte meine Freundin Frl. Clara Beyer und ich die ersten Damen gewesen sein, die sich dem entsetzten Volke auf dem Rade zeigten, und zwar einem Dreirad.

In Berlin dürften meine Freundin Frl. Clara Beyer und ich die ersten Damen gewesen sein, die sich dem entsetzten Volke auf dem Rade zeigten, und zwar auf einem Dreirad. Das war 1890. Wir ließen uns zunächst die Räder nach auswärts bringen und radelten auf stillen Waldchausseen, von den vereinzelten Passanten teils mit tugendhaftem Entsetzen, teils mit Hohngelächter und Bemerkungen unzweideutigster Art begrüßt. Dann wagten wir es, in frühester Morgendämmerung die Stadt zu durchfahren, und endlich wurde auch eines schönen Nachmittags vom Blücherplatz aus gestartet. Sofort sammelten sich Hunderte von Menschen, eine Horde von Straßenjungen schickte sich zum Mitrennen an, Bemerkungen liebenswürdigster Art fielen in Haufen, kurz, die Sache war das reinste Spießrutenlaufen, so dass man sich immer wieder fragte, ob das Radfahren denn wirklich all die Scheußlichkeiten aufwöge, denen man ausgesetzt war. Eigentümlich war dabei, dass am rüdesten und gemeinsten sich nicht die unterste Volksklasse benahm, sondern der Pöbel in Glacéhandschuhen, und zur Schande meiner Landsmänninnen muss ich das leider sagen, Frauen, die ihrem Äußeren nach den besseren Ständen angehörten. ‚Pfui, wie gemein!' war ungefähr das Mildeste, was man von ‚schönen' Lippen zu hören bekam.

Und wie sich die Dame auf dem Rade zu benehmen hat? Ein Thema, welches die Gelehrten der Fachpresse, besonders die männlichen, mit Vorliebe behandeln. Die guten Ratschläge fallen hageldicht. Ich meine: Wer das nicht von selbst weiß, der wird es auch aus Zeitungen und Büchern nicht lernen. Wer Erziehung hat, wird sie auch auf dem Rade zu zeigen wissen. Wer keine hat, der nehme sich ein Beispiel an dem, der welche hat. Das ist der einzige gute Rat, den man ihm geben kann.

Was sollen wir aber beim Radfahren tragen? Rock oder Hose? Die Antwort will ich gleich vorweg geben: Beides, und zwar jedes zu seiner Zeit. Bei unserem Sport noch viel mehr als bei anderen Sportarten wie Reiten, Rudern, Bergsteigen, vom Schwimmen ganz abgesehen, ist praktische Kleidung durchaus erforderlich. Lässt sich praktische Brauchbarkeit und Schönheit vereinigen, gut, dann wird kein vernünftiger Mensch das Hässliche wählen. Hat man aber nur die Wahl zwischen einem praktischen, aber unansehnlichen und einem prächtigen, schicken, aber unpraktischen Kostüm, so wird man keinen Augenblick in Zweifel sein, welches den Vorzug verdient.

Das erste, was unbedingt in die Rumpelkammer muss, ist das Korsett. Tiefes lebhaftes Atmen, wie es das Radfahren verlangt,

kann nur geschehen bei voller Ausdehnung des Brustkorbes. Wie soll der unglückliche Brustkorb sich weiten, wenn er in einem Stahlpanzer steckt!
Die Kopfbedeckung mag jeder nach Belieben wählen, große, breitkrempige Hüte verbietet natürlich der Wind. Auch wird so leicht niemand mit Blumenbeeten und Vogelkäfigen auf dem Hute erscheinen. Am kleidsamsten ist wohl der Matrosenhut, der im Sommer von Stroh, im Winter von Wachstuch getragen werden kann.
Den Strumpf wählt man natürlich der Saison gemäß stärker oder leichter. Die Farbe ist wieder reine Geschmackssache. Die lebhaften Farben in schottischen Designs zum Kostüm passend, sehen besonders für junge Mädchen recht hübsch aus.

Lieber Altertumsforscher, ich muss jetzt Schluss machen, weil mich meine Mutter gerufen hat. Vielleicht sollte ich ihr auch einmal den Bericht von Amalie Rother zu lesen geben, damit sie sieht, dass Radfahren nichts Unanständiges ist. Aber ich weiß noch nicht, ob ich mich traue. Doch weiß ich jetzt mit Sicherheit, was ich mir zu Weihnachten wünsche. Vielleicht im nächsten Jahr ein eigenes Fahrrad, aber in diesem ganz bestimmt ein Paar Strümpfe im schottischen Design!

Amalie Rother * 1865 † 18.12.1926

1910 Eugène Christophe

Mailand – San Remo

Jean-Pierre kniet schon seit Stunden auf der Holzbank und schaut durch ein kleines Fenster hinaus.
„Was willst du bei dem Wetter schon sehen!"
Es schneit. Dicke Flocken fallen dicht am Fensterausschnitt vorbei.
„Sie kommen, sie kommen ganz bestimmt noch!"
„Du und dein Radrennen!" Der Mann hinter dem Schanktisch schüttelt den Kopf. „Die Herren Rennfahrer sind längst irgendwo eingekehrt. Nur leider nicht bei uns!"
„Es gibt dreihundert Francs Prämie für den Sieger von Mailand–San Remo!"
„Jetzt haben wir schon den 3. April. Eigentlich sollte es Frühling sein, die Sonne am blauen Himmel stehen und die Krokusse bescheinen. Doch es schneit und schneit!"
„Ich sehe etwas!"
„Deine Nasenspitze spiegelt sich in der Fensterscheibe!" Jean-Pierres Papa lacht.
„Da ist jemand!"
„Vielleicht ist es Alexandre von nebenan, aber selbst dem ist heute der Weg zu weit!"
„Da ist jemand drüben an der Straße! Ich habe genau gesehen, wie er den Berg herunter gekommen ist."
„Auf seinem Fahrrad?"

„Zu Fuß! Er muss sein Rad geschoben haben. Jetzt sitzt er dort auf einem Wegstein!"
„Vielleicht ist es eine Krähe, die sich auf den Stein gesetzt hat?"
Papa kommt hinter seinem Schanktisch hervor und stellt sich neben seinen Sohn. „Ich sehe nichts!"
„Wir müssen ihm helfen!"

„Bei dem Sauwetter?" Papa schlurft zum Schanktisch zurück. „Ich werde mich ein wenig aufs Ohr legen. Sollte doch noch jemand kommen, kannst du mich wecken!"
„Papa, Papa, wir können ihn doch nicht einfach erfrieren lassen!"
Jean-Pierre ist von der Bank am Fenster gesprungen und hält seinen Vater am Arm fest. „Wir müssen ihm helfen!"
Einen Augenblick schaut Papa seinen Sohn an.
„Bitte, Papa!"
Papa streicht seinem Sohn übers Haar. „Ich bin zu gutmütig! Viel zu gutmütig! – Zieh dir Jacke und Mütze an!"

Jean-Pierre wartet schon ungeduldig an der Tür, als Papa in seine Winterstiefel steigt und den Kragen seiner Jacke hochstellt. Papa drückt die Tür auf, der Wind weht eine Wolke Schneeflocken in den Flur, und Papa schüttelt den Kopf. Er nimmt seinen Sohn bei der Hand, und die beiden stapfen los.
Für einen Moment lässt der Schneefall ein wenig nach, und sie sehen zugleich die dunkle Gestalt auf dem Wegstein, eine Hand auf sein Rennrad gestützt.
Mit wenigen Schritten sind sie bei dem Mann. Er scheint völlig erschöpft zu sein, schaut mühsam auf und versucht ein Lächeln.
„Radfahren kann ganz schön anstrengend sein!" sagt Papa. Er zieht den zusammengesunkenen Mann vom Stein hoch und legt sich seinen rechten Arm über die Schulter. „Du nimmst sein Rad!" Dann stapft er los und trägt, mehr als er ihn stützt, den Mann zum Gasthaus hinüber.
Jean-Pierre schiebt das Rad durch den hohen Schnee. „Das ist Christophe!" ruft er möglichst leise seinem Papa in den Rücken.
„Ah!" sagt der Herr Papa. Er versucht, seiner Last ins Gesicht zu sehen. „Sind Sie Eugène Christophe?"
Der Mann sagt nichts, hängt wie ein nasser Sack an Papas Schulter.
Es ist nicht leicht, ein Fahrrad durch den Schnee zu schieben. Doch es ist *sein* Fahrrad, und Jean-Pierre hätte es sogar noch einmal den Berg hinauf und hinunter geschoben.
„Mach die Tür auf!" sagt Papa.
„Ich kann nicht, ich habe Eugène Christophes Rad!"
„Lass es fallen und mach die Tür auf!"
Einen Moment zögert Jean-Pierre, dann legt er das Rad vorsichtig in den Schnee. Er zwängt sich an Papa und seinem Begleiter vorbei und öffnet die Tür. Papa zieht den Mann in die Gaststube, setzt den Mann auf die Ofenbank und zieht ihn aus. „Lass dir von Mama das große Badetuch und eine Wolldecke geben!"

sagt Papa, und als Jean-Pierre mit den Sachen zurückkommt, steht der Mann vor Papa und hat keinen Faden mehr am Leib. Papa schnappt nach dem Badetuch, reibt den Mann kräftig ab, wickelt ihn in die Wolldecke und hängt ihm das Badetuch über die Schultern. Der Mann setzt sich, kann schon wieder den Kopf heben. Er deutet auf die Flaschen hinter dem Schanktisch. Papa nickt, stapft hinüber und füllt ein Trinkglas halb mit Rum.
Der Mann trinkt den Rum, schüttelt sich, sagt „Ahh!" und zieht das Badetuch fester um seine Schultern. Er steht auf, fühlt mit der flachen Hand nach der nassen Rennkleidung auf dem heißen Kachelofen.
„Ja, ich bin Eugène Christophe! Heute Morgen sind wir mit 71 Fahrern in Mailand gestartet." Er setzt sich wieder an den Ofen. „Es war bitterkalt, und die Straßen bestanden aus gefrorenem Schlamm. Wir hoppelten über Furchen, fuhren auf dem Randstreifen

und legten die ersten 32 Kilometer in 56 Minuten zurück. Die 53 Kilometer von Mailand bis Voghera aber dauerten eine Stunde und 50 Minuten."

Papa stellt Eugène Christophe einen heißen Tee auf die Ofenbank, auch Jean-Pierre bekommt eine Tasse Tee.

„Dann erreichten wir den berühmt-berüchtigten Turchino. Tief hingen die Wolken über dem Pass mit seinem steilen Anstieg. Immer deutlicher spürte ich die Kälte, ich begann am ganzen Körper zu zittern."

Jean-Pierre schlürft seinen heißen Tee.

„Jeder Pedaltritt wurde zur Qual. Der halb geschmolzene Schnee auf der Straße machte es schwer, überhaupt noch voranzukommen. Dann kam auch noch ein eisiger Wind hinzu."

Papa schüttet heißen Tee in Eugène Christophes fast leere Tasse.

„Kurz vor dem Gipfel fing ich an, mich furchtbar schlecht zu fühlen. Ich musste absteigen. Meine Finger waren wie versteinert, in meinen Füßen hatte ich kein Gefühl mehr, meine Beine waren steif gefroren. Ich zitterte unaufhörlich. Ich ging und lief, um die Durchblutung wieder in Gang zu bringen."

Eugène Christophe steht auf und läuft jetzt in der Gaststube auf der Stelle. Er geht zum Fenster, scheint nicht genug zu sehen und macht die Tür auf. Eine Wolke Schneeflocken weht in die Gaststube. Eugène Christophe schließt die Tür und geht wieder zum Fenster.

„Nun, irgendwann setzte ich mich wieder auf mein Rad und erreichte den Tunnel auf der Passhöhe. Am Ende des Tunnels stand Cyrille Van Hauwaert mit seinem Rad in der Hand und einem Mantel über den Schultern. Er hatte genug. So musste ich mich eben allein durch den tiefen Schnee kämpfen, der auf dieser Seite des Berges die Passstraße bedeckte. Jetzt bekam ich richtige Schwierigkeiten. Es wurde immer härter, überhaupt noch voranzukommen. Streckenweise lagen 20 Zentimeter Schnee auf

der Straße, teilweise sogar noch mehr. Immer wieder musste ich absteigen und mein Rad schieben. Es war ein ständiges Absitzen, Aufsteigen, Fahren, Laufen."

Eugène Christophe läuft auf der Stelle und schwingt dabei die Arme. Die zusammengeknotete Wolldecke rutscht, er hält sie mit einer Hand an den Körper gedrückt.

„Dann bekam ich auch noch Magenkrämpfe. Ich musste anhalten. Vor Schmerz gekrümmt, eine Hand am Rad, die andere auf meinen Bauch gepresst, brach ich auf einem Stein am

Straßenrand zusammen. Es war furchtbar kalt. Ich konnte mich nicht mehr bewegen. Nicht weit entfernt sah ich dieses kleine Haus. Aber ich konnte es nicht mehr erreichen."
„Wir haben ihn gerettet!" murmelt Jean-Pierre. „Wir haben Eugène Christophe das Leben gerettet!"
Eugène Christophe macht noch ein paar Kniebeugen, fühlt nach seiner Rennkleidung, scheint sich überwinden zu müssen, legt Wolldecke und Badetuch auf einen Stuhl und zieht die noch klamme Hose an.
„Sie wollen doch jetzt nicht etwa weiterfahren?" Papa faltet das hellblaue Badetuch zusammen. „Es schneit unaufhörlich!"
„300 Francs Siegprämie sind ausgesetzt, und der Fahrradhersteller, für den ich fahre, will mir mein Gehalt verdoppeln, wenn ich gewinne!"
Die Tür fliegt auf, und zwei weitere Rennfahrer stolpern herein. „Van Hauwaert und Ernest Paul!" ruft Eugène Christophe. Er greift nochmal nach dem Badetuch und reibt sich die Haare trocken.
Die angekommenen Rennfahrer kriegen die Zähne nicht mal mehr für eine Begrüßung auseinander. Sie stürzen auf den Ofen zu und drücken ihre durchgefrorenen Hände gegen die heißen Kacheln.
Jean-Pierre stellt seine Teetasse ab und geht zu seinem Vater hinüber. „Schau mal", er deutet mit dem Kopf auf einen der Männer, „der hat nur noch einen Schuh an!"
Papa überlegt nicht lange, er nimmt das Badetuch und legt es dem Mann vor die Füße. Erst jetzt scheint er seinen Schuh zu vermissen und stellt seinen nackten Fuß auf das warme Tuch.
Eugène Christophe starrt wieder aus dem Fenster. „Da kommt noch jemand! Wer ist das?" ruft er aufgeregt. „Ich kann sie nicht erkennen!"
Jean-Pierre stürzt zum Fenster. Vier Rennfahrer! Doch sie sehen eher aus wie vier radelnde Schlammsäulen.

Schon hat Eugène Christophe seine restlichen Sachen übergezogen, doch Papa tritt ihm in den Weg. „Sie sind erst seit einer halben Stunde hier, wenn Sie jetzt hinausgehen, holen Sie sich den Tod!"

Eugène Christophe will sich an ihm vorbeidrücken, doch Papa hält eisern stand. „Ich treffe mich mit einem Betreuer unten im Tal", sagt Eugène Christophe, „er wird mich zum Zug nach San Remo bringen!"

„Sie müssen wissen, was Sie tun!" Papa seufzt und tritt zur Seite.

„Er ist verrückt!" sagt einer der Männer am Ofen. Doch Eugène Christophe ist schon zur Tür hinaus, schnappt sein Rad und stolpert zur Straße.

Wie es weiterging, lesen Papa und Jean-Pierre am nächsten Tag in der Zeitung: Bald hat Eugène Christophe Cocchi und Pavesi eingeholt. Am Rande von Voltri holt er dann auch Gamma ein,

und ein paar Kilometer weiter schnappt er sich Albini. Noch sind es mehr als 100 Kilometer bis San Remo. Doch die Aussicht, als Erster über die Zielgerade zu kommen, setzt die letzten Kräfte in ihm frei, und um 18 Uhr überquert Eugène Christophe als Sieger die Ziellinie in San Remo. Nur drei Fahrer erreichten überhaupt das Ziel.
Eugène Christophe muss für einen Monat ins Krankenhaus, um seine Frostbeulen an den Händen und die Unterkühlung seines Körpers auszukurieren. Zwei Jahre dauert es, bis seine Gesundheit komplett wiederhergestellt ist.
Doch in dem kleinen Gasthaus am Turchino-Pass hängt seither der Zeitungsartikel über den Sieger Mailand–San Remo aus dem Jahre 1910 in einer Vitrine. Um den Artikel ist ein hellblaues Badetuch dekoriert, als sei es um die Schultern des Siegers geschlungen.

Eugène Christophe * 22.01.1885 † 01.02.1970
Spitzname: Cricri (französisch für Grille)
1919 der erste Träger des gelben Trikots bei der „Tour de France".
Auf dem ersten Platz liegend, erlitt sein Fahrrad bei der „Tour de France" 1913 in den Pyrenäen bei der Abfahrt vom Col du Tourmalet einen Gabelbruch. Um sein Rad wieder benutzen zu können, musste er 14 Kilometer zu Fuß zur nächsten Schmiede gehen, in der er sein Fahrrad selbst reparieren musste und sich nach den Tour-Regeln auch nicht helfen lassen durfte. Er bekam dennoch eine Strafminute angerechnet, da ein Junge den Blasebalg für ihn bedient hatte.

1940 Albert Richter

Der Tod eines Weltmeisters

Es herrscht Krieg in Europa. Vor drei Monaten ist die deutsche Wehrmacht in Polen einmarschiert. Damit hat der Zweite Weltkrieg begonnen. Fast 60 Millionen Menschen werden in diesem gnadenlosen Eroberungs- und Vernichtungskrieg sterben, bevor er 1945 mit der Kapitulation Deutschlands ein Ende in Trümmern finden wird.
Seit 1933 ist Adolf Hitler Reichskanzler in Berlin. Seine NSDAP – die Nationalsozialistische Deutsche Arbeiterpartei – hat die Alleinherrschaft übernommen und folgt ihrem Führer bedingungslos. Das Ziel ist die Eroberung Europas mit anschließender Weltherrschaft. Dazu wird ein Kriegsbündnis mit Japan und Italien geschlossen, ein brutaler Krieg im Osten und Westen Europas geführt und eine gnadenlose Verfolgung der jüdischen Bevölkerung entfacht. In Hitlers krankhaftem Wahn sind die Juden der Ausgangspunkt allen Übels, das über Deutschland gekommen ist und noch kommen könnte.
Mit der Machtergreifung Hitlers gelten nur noch seine Meinung und seine Befehle. Die Zeitungen werden zensiert und drucken fast gleich lautende Informationen und Kommentare, das Denken wird verordnet, und wer eine abweichende Meinung von sich

gibt, landet entweder im Gefängnis oder verschwindet spurlos.

Der 4. Januar 1940 ist ein kalter, sonniger Donnerstag. Ein kleiner, grauer Pritschenwagen tuckert die Landstraße entlang. Beide Türen des Autos sind mit einem schwungvollen Schriftzug verziert: Obst & Gemüse – Josef Richter, Köln-Ehrenfeld.

Bald ist Koblenz erreicht, dann ist es nicht mehr weit bis Köln. Am Lenkrad sitzt ein Mann Anfang dreißig. Josef Richter. Er kommt von der Schweizer Grenze aus Lörrach. Auf der Ladefläche hinter ihm steht, unter einer Plane verborgen und mit Stricken festgezurrt, ein einfacher Fichtensarg.

Immer wieder wird das erbitterte Schweigen des Mannes von unverständlichen Satzfetzen durchbrochen, dann wieder formuliert er klare Worte, sie hören sich an wie eine Anklage. Dazu nimmt er abwechselnd eine Hand vom Lenkrad und schüttelt die geballte Faust. Schluchzer dringen aus seiner Kehle, er weint. In dem Sarg liegt sein Bruder Albert. Er ist nur 27 Jahre alt geworden.

Albert Richter ist Radrennfahrer. Sein Bruder schluchzt auf. Er *war* Rennfahrer! Jetzt ist er tot. Er soll sich im Gefängnis von Lörrach erhängt haben! Josef hat seinen Bruder im Totenkeller gesehen. Er lag in einer Blutlache. Der Rücken seiner Jacke war an einigen Stellen durchlöchert. Auf seinem Kopf lagen einige blutverschmierte Taschentücher. Wer kann sich solche Verletzungen beibringen, wenn er sich erhängt?

Albert war ein stiller, nachdenklicher junger Mann. Doch er konnte auch ausgelassen sein, besonders unter seinen Sportkameraden. Musiker hatte er werden sollen. Geiger. Doch erst einmal sollte er einen sicheren Beruf erlernen. Er wurde Gipsmodelleur wie der Vater und fertigte Heiligenfiguren, Skulpturen und Krippenfiguren. Seine Hände lernten zuzufassen und festzuhalten!

Josef erreicht mit seinem Lieferwagen Koblenz. Jetzt geht es über die Moselbrücke. Er schaut einen Augenblick nach rechts.

Auf der anderen Rheinseite protzt die Festung Ehrenbreitstein zwischen grauen Weinbergen. Unten am Zusammenfluss von Mosel und Rhein steht das riesige Bronzedenkmal mit Kaiser und Pferd. „Steckt dem Gaul einen Knallfrosch in den Hintern", brüllt Josef, „damit er endlich ins Wasser springt!"
Albert verdient nicht viel in seinem Beruf. Und bald vernachlässigt er auch das Üben auf der Geige. Er ist viel lieber mit dem Fahrrad unterwegs. Er fährt gut, er fährt schnell, und bei den Straßenrennen kann er auf seinem Tourenrad sogar mit den Stars des Kölner Rennsports auf ihren Rennmaschinen mithalten. Er trainiert heimlich und fährt mit 16 Jahren seine ersten Rennen auf der Straße und der Bahn.

Die Heimlichkeit hat allerdings ein Ende, als er sich bei einem Sturz das Schlüsselbein bricht. Heftige Auseinandersetzungen mit dem Vater folgen, doch Albert lässt nicht locker. Bereits mit 19 Jahren ist er einer der besten rheinischen Amateurfahrer, und immer öfter erscheint sein Foto in Siegerpose auf den Sportseiten der Zeitungen.
1932 kommt er dann ganz groß raus. Mit Wurst und ein paar Butterbroten im Rucksack soll er sich auf den Weg nach Paris gemacht haben. Und er gewinnt dort doch tatsächlich eins der wichtigsten klassischen Radrennen, den *Grand Prix de Paris*. Im gleichen Jahr finden die Olympischen Spiele in Los Angeles statt. Also, auf nach Amerika, Los Angeles, ich komme! Denkste! Der Bund Deutscher Radfahrer kann die Reise für seine Sportler nicht bezahlen, und Albert Richter muss zu Hause bleiben. Er wandelt seine Enttäuschung in Ehrgeiz um. Verbissen bereitet er sich auf die Weltmeisterschaft im September in Rom vor. Verpasst die Qualifikation fast noch durch einen Sturz bei der Deutschen Meisterschaft, darf doch noch nach Rom fahren und wird sensationell Weltmeister in der Radsportdisziplin *Amateurflieger*.
„Weltmeister!" Josef kurbelt das Seitenfenster seines Transporters herunter und schreit es in den Wind. „Hört alle her: Mein Bruder war Weltmeister! Weltmeister der Radsprinter! Mein Bruder Albert Richter!"
Jetzt ist sogar der Vater Johann stolz auf seinen Albert. Längst kennt auch er die Feinheiten der Spezialdisziplin seines Sohnes: Der Sprint ist ein klassischer Kurzzeit-Wettbewerb für zwei oder mehrere Fahrer und geht über drei Bahnrunden. Ein Radsprinter braucht besonders Kraft und Schnelligkeit. Doch am wichtigsten ist seine Taktik, und die muss er in jedem Rennen blitzschnell neu finden und umsetzen. Wie in einem Katz- und Mausspiel versuchen die Fahrer, sich gegenseitig auszutricksen. Plötzliche Tempowechsel, Stehversuche und Scheinangriffe sollen den

Konkurrenten überraschen, überlisten und zermürben.
„Weltmeister! Mein Bruder!"
Bei seiner Rückkehr aus Rom bereitet ihm die Stadt Köln einen triumphalen Empfang. Anderthalb Stunden lang wird er in einer Kutsche durch die Stadt gefahren. Tausende von Menschen stehen am Straßenrand und jubeln ihm zu.
Doch vom Ruhm allein kann man nicht leben. So wird Albert kurze Zeit später Berufsfahrer. Ernst Berliner, sein Manager, Freund und Berater schickt den jungen Mann nach Paris, das Zentrum des Bahnradsports. Hier soll er sich mit den besten Bahnsprintern der Welt messen. Erst hat Albert Heimweh nach seinem geliebten Köln, doch dann lebt er fast nur noch im Ausland. Für Sprinter gibt es in Deutschland kaum noch Rennen. Bald gehört Albert Richter zur internationalen „Sprinter-Wandergruppe", die von Termin zu Termin, von Land zu Land und von Ort zu Ort reist. Viele der Fahrer sind untereinander befreundet, sie verbringen ihre Freizeit miteinander, bekämpfen sich zwar auf der Bahn, doch darüber hinaus sind sie ein lustiger, leichtlebiger Haufen.
Seine besten Freunde sind der Belgier Jef Scherens und der Franzose Louis Gérardin. Bald werden sie überall *Die drei Musketiere* genannt. Auch 1934 machen sie in Leipzig den Weltmeistertitel unter sich aus. Es siegt Scherens vor Richter und Gérardin. Bei der Siegerehrung recken alle deutschen Teilnehmer den ausgestreckten rechten Arm zum Hitlergruß in die Höhe, nur Albert Richter verweigert dieses Ehrenzeichen an den Führer und lässt die Hand unten. Ein mutiges und ehrliches Zeichen, aber außerordentlich gefährlich im allmächtigen Adolf-Hitler-Staat. Bei Rennen im Ausland trägt Albert das traditionelle Trikot mit dem Reichsadler und nicht das mit dem Hakenkreuz.
Josef fallen die Augen zu. Seit zwölf Stunden ist er nun schon unterwegs, und geschlafen hat er die letzten Nächte auch fast nicht. Er reibt sich die Augen, kurbelt das Seitenfenster trotz der

eisigen Luft ganz herunter und umklammert das Lenkrad mit beiden Händen. Bonn ist geschafft. Nun ist es nicht mehr weit bis Köln. Er wird keine Pause einlegen, er muss Albert nach Hause bringen!

Ernst Berliner, Alberts Manager, ist Jude. Die Juden werden in Deutschland verfolgt, in Lager gesperrt und ermordet. Auch Josef hat sich schon Ärger mit den Nazis eingehandelt. Er bedient trotz Verbots auch weiterhin Juden in seinem Lebensmittelgeschäft und räumt ihnen bei Bedarf sogar Kredit ein. Ernst Berliner gelingt die Flucht nach Holland. Doch Albert bleibt seinem Freund treu und lässt sich auch weiter von ihm managen. Immer unbeliebter wird Albert bei den Machthabern und durch seine Popularität sogar gefährlich. Sie stellen ihn unter Beobachtung und haben sicher schnell herausgefunden, dass er seine Einnahmen von Rennen im Ausland auf Konten in Holland, der Schweiz und Frankreich anlegt. Ein Verbrechen nach Meinung der Funktionäre und Gesetzgeber des deutschen Staates. Nur ein paar Mark für den Eigenbedarf sollten ihm zustehen, der Rest hatte in die Kassen des nationalsozialistischen Radsportverbandes zu fließen.

Am 1. September 1939 ist die Weltmeisterschaft in Mailand, Richter hat im kleinen Finale die Bronzemedaille gewonnen, Jef Scherens muss noch gegen Arie van Vliet um den Titel kämpfen. Da meldet der Rundfunk den Einmarsch der Deutschen in Polen, der Zweite Weltkrieg hat begonnen, die Weltmeisterschaft wird abgebrochen. Am 9. Dezember gewinnt Albert Richter sein letztes Rennen, den *Großen Preis von Berlin*.

Köln ist erreicht. Köln-Sülz. Jetzt sind es nur noch wenige Minuten bis zur Sömmeringstraße in Ehrenfeld. Josef wischt sich die Augen, fährt sich mit den Fingern durchs Haar, die Füße brennen und die Knie schmerzen. Er ist nicht sicher, ob er noch aus dem Auto steigen kann, ohne zusammenzuklappen.

Nach seinem letztem Rennen in Berlin kehrt Albert zu einem

kurzen Besuch nach Köln zurück. Die Eltern freuen sich, doch sind sie auch in Sorge. Mehrfach wurden sie von einem Mann der Gestapo aufgesucht. Die Gestapo ist die Geheimpolizei des nationalsozialistischen Verbrecherstaats. Die Eltern sollten ihren Sohn dazu bringen, bei seinen Starts im Ausland Skizzen und Zeichnungen militärischer Anlagen zu beschaffen, seine Gegner und auch Freunde auszuspionieren und sämtliche Ereignisse zu melden.

Kurz vor Weihnachten trifft der Gestapo-Mann dann Albert persönlich an. Mit Hinweisen auf seine verbotene Freundschaft zum Juden Berliner versucht er, ihn zu einer Mitarbeit zu erpressen. Doch Albert Richter weigert sich. Er kann sich einfach nicht verstellen. Lieber verlässt er sein Deutschland und sein geliebtes Köln.

Am Morgen des 31. Dezembers 1939 macht er sich schweren Herzens auf den Weg in die Schweiz. Mit einem Koffer, ein Paar Ski, seinem Bahnrad und 12.700 Reichsmark, die ihm nicht einmal gehören. Er will sie dem Textilhändler Alfred Schweizer mitnehmen, der 1938 in die Schweiz fliehen musste und das Geld vorher bei Albert versteckt hat. Natürlich ist die heimliche Mitnahme von Geld über die Schweizer Grenze strengstens verboten. Doch Albert will einem Freund helfen und weiß, dass er darauf wartet. Er versteckt das Geld in den Reifen seines Rennrads.

Vater Johann Richter erwartet den Lieferwagen vor der Haustür. Er steigt zu seinem Sohn Josef auf den Beifahrersitz des Lieferwagens, und gemeinsam bringen sie den Sarg zum Ehrenfelder Friedhof. Als sie den Sarg in die Totenkapelle geschafft haben, bleiben sie einen Augenblick vor dem Sarg stehen.

„Wie ist es geschehen?" fragt der Vater.

„Sie haben all seine Sachen durchsucht. Dann haben sie die Reifen aufgeschlitzt und das Geld gefunden und ihn ins Gerichtsgefängnis von Lörrach gebracht. Am Abend hat er sich noch im Gefängnis rasiert, und am nächsten Morgen war er tot. Er soll sich erhängt haben! Aber ich habe mit eigenen Augen das Blut an seinem Körper und die Löcher in seiner Jacke gesehen!"

„Der arme Junge!" Vater Richter weint tonlos.

In den folgenden Tagen verändert sich die amtlich vorgegebene Todesursache in verschiedenen kleinen Zeitungsmeldungen. Aus dem Selbstmord wird ein Skiunfall in der Schweiz, und dann soll Albert Richter an den Folgen eines früheren Sturzes auf der Radrennbahn gestorben sein. Schließlich wurde er angeblich beim Geldschmuggel auf der Flucht erschossen, und dann hat er doch wieder Selbstmord begangen.

Die Nazis möchten ihn so schnell und unauffällig wie möglich verschwinden lassen. Darum haben sie seiner Familie verboten,

über den Tod Albert Richters zu sprechen. Auch sollten sie keine Todesanzeige in der Zeitung aufgeben. Doch die Todesanzeige erscheint, und am 10. Januar 1940 wird Albert Richter auf seinem letzten Weg von der Friedhofskapelle zum offenen Grab von 200 trauernden Verwandten, Freunden, Sportkameraden und Bekannten begleitet. Lange halten sich die Gerüchte, Albert Richter sei von einem neidischen Kollegen bei der Gestapo verraten worden. Doch in den folgenden Kriegsjahren wird es still um Albert Richter. Man vergisst den Kölner Weltmeister.
Erst 1998 wird sein Grab auf dem Ehrenfelder Friedhof zum städtischen Ehrengrab, und 1996 erhält die neue Radrenn-Bahn in Müngersdorf seinen Namen. Eine Bronzetafel erinnert an ihn mit der Inschrift *Gedenken an Albert Richter, Opfer nationalsozialistischer Unmenschlichkeit.*

Albert Richter * 14.10.1912 † 02.01.1940

1975 Wolfgang Lötzsch

... aber entschuldigt hat sich keiner!

„Kevin, du bist kein Rennpferd, du bist ein Ackergaul!"
„Ich bin überhaupt nicht faul!"
„Hörst du schlecht? Gaul, hab ich gesagt, nicht faul!"
„Meister, Sie sprechen so leise."
„Du sollst keine Reden schwingen, sondern den Besen! Wie sieht es denn hier aus! Jeden Augenblick können Kunden kommen, um sich die Haare schneiden zu lassen! Und so kurz vor Weihnachten kommen bestimmt viele Kunden!"
„Glaube ich nicht. Seit drüben das Friseurstudio aufgemacht hat, bleiben für uns bloß noch die Glatzen und Geizigen."
„Haarschnitt bleibt Haarschnitt – egal, ob ob man sich eine Weihnachtsmütze aufsetzt oder Glühwein dazu serviert!"
„Vielleicht sollten wir auch ein bisschen moderner werden!" Kevin zeigt mit dem Besenstiel auf die Wand mit den Zeitungsfotos und einigen wenigen gerahmten Bildern. „Wie wäre es mit ein paar Postern von Sarah Connor, Enya, Madonna oder ... "
„Die Wand bleibt, wie sie ist!"
„Radrennfahrer! – Bloß weil Sie selber am Wochenende mit Ihren Kollegen in die Pedale treten?"
„Halt den Mund und feg' aus!"

„Meister, wer ist denn der Lange auf dem eingerahmten Foto? Ist der neu?"
„Der hängt schon immer da!"
„Und wer ist es?"
„Wolfgang Lötzsch!"
„Kenn ich nicht!"
„Es wurde auch alles getan, damit man ihn vergessen sollte. Obwohl er aus unserem Chemnitz kommt und einer der größten Radrennfahrer der DDR war."
„Oje, jetzt kommt wieder eine der Damals-bei-uns-in-der-DDR-Geschichten. Ich hätte einfach nicht fragen sollen."
„Wolfgang Lötzsch ist gelebter staatspolitischer Unterricht! Er hat den Unterschied zwischen einer freiheitlichen Demokratie und einem verklemmten Einheitsstaat böse erfahren müssen!"
„Ich könnte ein bisschen Tannengrün für unser Schaufenster besorgen oder vielleicht doch ein Poster von Shakira?"
„Du kannst die Spiegel polieren und die Scheren sortieren!"
„Meister, unter dem Foto steht, dass ihm der Bundespräsident 1995 das Bundesverdienstkreuz verliehen hat."
„Viel zu wenig und viel zu spät für seine Leistung!"
Die Klingel an der Tür scheppert. „Tag, Hein", sagt der Meister, „willst du einen Termin oder soll ich dich vorziehen?"
„Wehe du ziehst!" Hein nimmt den Hut ab und setzt sich auf einen der beiden Frisierstühle.
Kevin legt Hein den Frisierumhang über die Schultern, zieht eine Papierkrause um seinen hochgereckten Hals und drückt die Enden des Kreppapiers zusammen.
„Wie immer?" Der Meister rückt mit der Haarschneidemaschine an.
„Wie immer!"
„Was gibt's Neues?"
„Nicht viel!" Die Haarschneidemaschine beginnt zu surren. „Ich

hab da gerade am Kiosk den Sohn meines Vermieters getroffen", sagt Hein. „Der hat sich die ausgehängten Ansichtskarten angesehen. ‚Schau mal', hat er gesagt und ganz überrascht auf eine Karte gezeigt, ‚in Karl-Marx-Stadt sieht das Opernhaus genau so aus wie bei uns in Chemnitz!' – Und das 16 Jahre nach der Wende!"
Der Lehrling schaut seinen Meister an. „Ich weiß, dass Chemnitz zu Zeiten der DDR Karl-Marx-Stadt hieß!"
„Wenigstens etwas!"
„Ich geh dann mal", sagt Kevin, „und sortiere die Pflegemittel!" Er verschwindet im Nebenraum und zieht den Vorhang zum Friseursalon zu, nimmt seinen MP3-Player aus der Kitteltasche und stöpselt sich die Hörer in die Ohren.
„Zumindest hat er eine verschwommene Vorstellung von unserer alten DDR. Aber was Wolfgang Lötzsch betrifft ... "
„Welches Datum haben wir heute?
„Den 18. Dezember! In einer Woche ist Weihnachten!"
„Heute ist Lötzschs Geburtstag. Am 18. Dezember 1952 wurde er geboren."
Der Meister öffnet den kleinen weißen Schrank unter dem Spiegel, holt eine Flasche und zwei kleine Gläser heraus und gießt Schnaps ein. „Auf das Geburtstagskind!"
„Hoch soll es leben!" Sie stoßen an.
„Ich sehe ihn noch vor mir, wie er 1974 das große Rennen *Rund um Berlin* gewonnen hat!"
„Und 1983 auch!"
„Er war einer der Besten in den 1970er- und 1980er-Jahren! Sein Pech war, dass er nicht aus unserer Deutschen Demokratischen Republik raus kam."
„Die Mauer und den Stacheldraht um unser ehemaliges *Arbeiter- und Bauernparadies* konnten eben nur Auserwählte überwinden."

„Was für uns nur lästig war, war für ihn aber tragisch, weil die wichtigen Rad-Rennen im Westen ausgetragen wurden, denk nur an die *Tour de France*, den *Giro d'Italia*, die *Spanienrundfahrt*!"
„Ihm wurde übel mitgespielt!"
„Manche halten ihn trotz allem für den besten deutschen Radrennfahrer aller Zeiten, noch vor Jan Ullrich, Rudi Altig, Olaf Ludwig und Täve Schur. Er war lang, leicht und hatte ein überragendes Talent. Hinzu kamen sein Ehrgeiz, der Wille zur Perfektion und seine unglaubliche Härte – gegen sich und die anderen."
„Wenn es nur die Gegner und die Straße gewesen wären, gegen die er hätte kämpfen müssen, wäre er spielend damit fertig geworden!" Der Meister steckt die Haarschneidemaschine in die Kitteltasche, schüttet noch einmal die Gläschen voll, und die beiden Männer prosten sich im Spiegel zu. Der Meister nimmt ein abgegriffenes Album aus dem Schrank, blättert ein paar Seiten um, Fotos, Zeitungsartikel, Autogramme, und legt das aufgeschlagene Album auf den freien Frisierstuhl neben sich.
„Ja, ja, unser Staatssicherheitsdienst, die Stasi!"
Hein nippt an seinem Gläschen. „Die Stasi war wohl das Schlimmste, was es damals in unserer DDR gab."
„Unser altes *Ministerium Horch und Guck*!" Der Meister lacht keineswegs fröhlich auf. „Kennste den schon? Nachbar Meier schreibt einen Brief an seinen Bekannten im Westen: Hallo, Werner! Ich habe die vier Pistolen, die du mir geschickt hast, erhalten und im Vorgarten vergraben. Dein Franz."
„Oje, die liebe Stasi hat doch alle Briefe geöffnet und gelesen, bevor sie ihren Bestimmungsort erreichten!"
Der Meister grinst schief: „Ein paar Tage später schreibt Herr Meier erneut einen Brief an seinen Bekannten: Lieber Werner, jetzt kannst du die versprochenen Tulpenzwiebeln schicken, die Stasi war da und hat mir den Vorgarten umgegraben!"

Die beiden prosten sich noch einmal im Spiegel zu, und die Gläschen sind leer.
Der Meister nimmt das Album wieder in die Hände, schiebt sich die Brille auf die Stirn und zitiert aus einem Stasi-Schreiben: „Der ausgezeichnete Nachwuchsfahrer des SC Karl-Marx-Stadt wird in Zukunft hauptsächlich auf der Straße eingesetzt. Das wurde vom Radsportverband beschlossen, um aus der Misere auf der Straße herauszukommen. Geplant ist in München eine Silberne, die durch Lötzsch vergoldet werden könnte. Der Lötzsch dürfte sich noch in diesem Jahr an die Weltspitze fahren können."
„Die Olympischen Sommerspiele 1972 in München! Das hätte sein internationaler Durchbruch sein können!"
„Hätte!" Der Meister liest weiter vor. „Bei der Aufklärung zur Vorbereitung der Delegierung der Sportler zu den Olympischen Spielen nach München wurde bekannt, dass der Lötzsch und seine Eltern Verbindung unterhalten zu dem ehemaligen Radrennfahrer Dieter Wiedemann. Mit seiner Flucht hat Wiedemann die Deutsche Demokratische Republik verraten. Der Wiedemann ist ein Cousin des Lötzsch. Außerdem wurde durch einen *Informellen Mitarbeiter* bekannt, dass Lötzsch die bevorstehende Belgienrundfahrt zur Republikflucht benutzen will."
„Seine Stasi-Akte soll 1.500 Seiten dick sein, hab ich gelesen!"
„Der aktive Sportsfreund Lötzsch ist politisch völlig unklar. Es gibt keine Bemühungen von Lötzsch, sich politisch weiter zu qualifizieren. Wolfgang Lötzsch ist nur Sportler. Daraus ergibt sich für uns die ernsthafte Frage: Kann Lötzsch Olympiakader für 1972 sein? Die Genossen Hahn und Vogtmann sind der Auffassung, dass man Lötzsch keine Genehmigung für Starts im kapitalistischen Ausland geben dürfe."
„Und raus bist du!"
Der Meister legt das Album zurück auf den Stuhl und lässt die Brille wieder auf die Nase gleiten. „Damit war Wolfgang

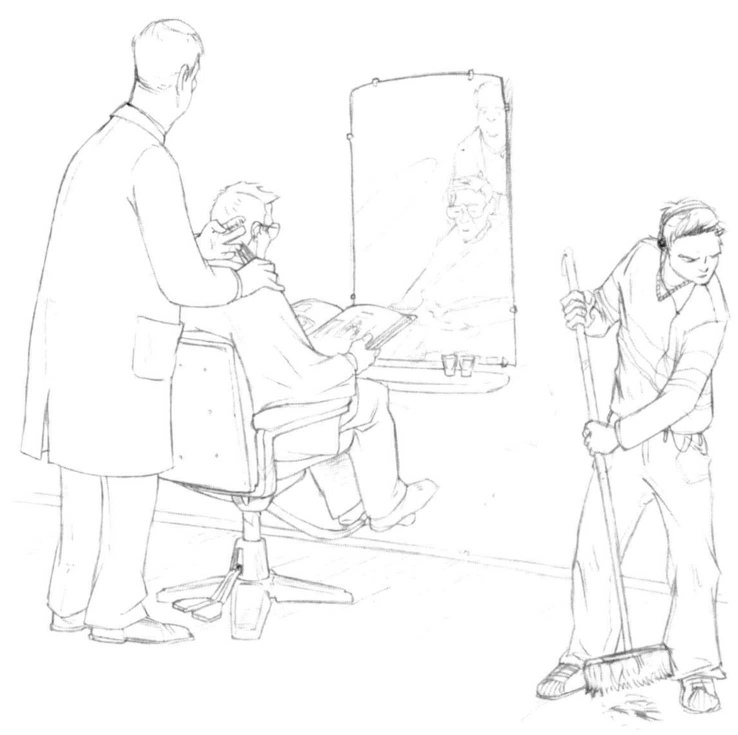

Lötzsch wirklich raus aus dem Rennen. Und da er nun auch keine internationalen Medaillen mehr einfahren konnte, verloren die Sportfunktionäre der DDR das Interesse an ihm. Er wurde aus der Nationalmannschaft geworfen. Weitertrainieren durfte er nur noch als Volkssportler auf der Ebene von Betriebssportgemeinschaften – Groß-Waltersdorf statt Paris!" Der Meister nimmt die letzten Haarverschönerungen an Heins Kopf mit der Schere vor, dann entlässt er Hein aus seinem Umhang und setzt sich selbst auf den Stuhl. Hein befestigt den Umhang, legt die Halskrause um den Hals des Meisters und übernimmt dessen Haarschneidemaschine.

„Wie immer?“ Hein setzt die Haarschneidemaschine an.
„Wie immer!“ sagt der Meister. Die Haarschneidemaschine surrt. „Volks- bzw. Betriebssportler waren ausgeschlossen von sportmedizinischer Versorgung, besonderer Ernährung, und natürlich mussten sie ganz normal zur Arbeit gehen, während die Elitesportler bevorzugt behandelt und von der Arbeit frei gestellt waren!“
„Die Auswahlfahrer erhielten teure Westräder, aber Lötzsch fuhr ein Fahrrad der Firma Diamant aus Karl-Marx-Stadt. Du weißt, wie schwer die im Vergleich zu den modernen Dingern waren! Er trainierte allein nach eigenen Plänen, kämpfte allein gegen alle.“
„Das kann sich heute keiner mehr richtig vorstellen, wie das damals war!“ Der Meister angelt blind nach dem Album. „Doch die Arbeit der Stasi zeigte ihre Wirkung. In jedem Rennen bildete sich nun eine unsichtbare Mauer um Lötzsch. Die Fahrer wussten, dass es ihrer eigenen Karriere schaden könnte, all zu oft mit Lötzsch gesehen zu werden. Auch die Trainer wurden eingeschworen: Auf keinen Fall durfte der Mann aus Karl-Marx-Stadt gewinnen. Alle gegen einen – gegen Lötzsch!“ Der Meister blättert mit hochgerecktem Kinn im Album. Er findet einen handgeschriebenen Zettel. „Der Bericht eines Augenzeugen!“ Er beginnt unter der Brille hindurchschielend zu lesen: „Lötzsch startet am 11. April 1975 bei einem kleineren Kriterium in Frankfurt an der Oder. Er ist allein in seinem Wartburg angereist, hat sein Rad präpariert und im Starterfeld auf den Schuss der Startpistole gewartet. Er wird verstohlen gemustert, einige Teilnehmer nicken ihm zu, andere gehen ihm lieber aus dem Weg und suchen sich einen unverfänglicheren Platz im wartenden Fahrerfeld. Endlich geht es bei nasskaltem Frühlingswetter ab. Natürlich mischt Wolfgang Lötzsch sofort vorn mit. Rad an Rad rasen sie über das flache Land. In einer so frühen Rennphase bleibt das Feld

meist noch eng zusammen. In rasender Jagd geht es über das bucklige Kopfsteinpflaster, erbitterte Positionskämpfe werden ausgetragen, immer wieder spürt Lötzsch die Ellenbogen der Gegner in den Rippen. Und plötzlich geht alles ganz schnell: Er erwischt eine Bodenwelle mit voller Wucht. Ein schneller, harter Schlag – dann ist es dunkel um ihn. Die Bodenwelle hat sein Vorderrad zertrümmert, mit einem lauten Knirschen löst es sich von der Nabe. Ein paar Meter hält der Rahmen noch das Gleichgewicht, dann bricht das Rad unter Lötzsch zusammen. Lötzsch kann den Sturz nicht abfangen. Mit voller Wucht stürzt er auf die Straße, sein Kopf schlägt auf das Kopfsteinpflaster. An diesem abgelegenen Teil der Strecke gibt es keine Zuschauer, die sich um ihn kümmern könnten. Doch als Sportler hilft man sich gegenseitig. Normalerweise. Aber Lötzsch ist kein normaler Fahrer, keiner aus der eingeschworenen Truppe. Er ist ein Außenseiter, ein Ausgestoßener, und wer weiß, womit man rechnen muss, wenn man ihm hilft.
Einige Fahrer schauen weg, andere bringt das unerwartete Hindernis aus der Spur, sie müssen bremsen, ausgleichen, um nicht selbst zu fallen, kurven um den Gestürzten herum. Keiner hilft dem Schwerverletzten. Schließlich erbarmen sich die Männer eines weit zurückgebliebenen Materialwagens."
„Das stand damals in der Zeitung?" fragt Hein.
„Natürlich nicht, der Bericht ist doch erst nach der Wende erschienen!"
„So, das war's!" sagt Hein und nimmt dem Meister den Umhang ab.
„Kevin", ruft der Meister, „Kevin, komm kehren!"
Nichts rührt sich. Hein nimmt den Besen und fegt die Haare zusammen. Dann setzt er sich auf den freien Frisierstuhl.
„Für Lötzsch war's das noch lange nicht. Er rappelt sich auf, kommt wieder aufs Rad und gewinnt 1976 das Ausscheidungsrennen für die Olympischen Spiele in Montreal und wird doch nicht nominiert.

Lötzsch gibt auf und stellt einen Ausreiseantrag in den Westen. Wenige Tage vor seinem Geburtstag macht er dann seinen größten Fehler. Nach einem Polterabend sind er und ein Kumpel einem Volkspolizisten zu laut. Der Vopo verhängt fünf Mark Ordnungsgeld. Lötzsch platzt der Kragen: ‚Alles Scheiße hier!' brüllt er. ‚Scheiß Polente! Scheiß Staat!' Dafür wandert er zehn Monate in den Knast. Mit 4.000 Kniebeugen täglich und 400 Liegestützen hält er sich in Form. Nach 1973 und 1974 gewinnt er 1986 noch einmal den Tribüne-Bergpreis, holt im gleichen Jahr hinter Olaf Ludwig und Uwe Ampler den dritten Platz in der DDR-Straßenmeisterschaft und kann endlich aufatmen als 1989 die Mauer fällt und Deutschland wieder vereinigt wird."

„Da ist er allerdings schon 37, und seine beste Zeit als Radrennfahrer ist vorbei!"

„Aber alle Achtung. Über eine Million Kilometer hat er in den Beinen und 550 Rennen gewonnen. Mit 40 Jahren wird er noch einmal Deutscher Meister in der 100-Kilometer-Mannschaftsverfolgung, und 1995 erhält er für seine Zivilcourage in der DDR das Bundesverdienstkreuz."
„... aber entschuldigt hat sich keiner von den alten Stasi-Spitzeln bei ihm!"
„Die waren doch nicht schuld. Die haben doch nur auf Weisung von oben gehandelt!" Hein steht auf. „So ist doch immer die Ausrede aller Mitläufer. Ich muss noch einen Tannenbaum kaufen!" Auch der Meister erhebt sich. „Dafür gibt's aber kein Bundesverdienstkreuz!"
Hein lacht. „Einem Stasi-Spitzel fällt man aber auch nicht mehr in die Hände!
Kevin kommt aus dem Nebenraum und nimmt die Stöpsel aus den Ohren. „Meister, soll ich ausfegen?"
„Kevin", sagt der Meister, „nach Weihnachten räumen wir um!"
„Meister, woher der Sinneswandel?"
Hein setzt seinen Hut auf, die Klingel an der Tür scheppert, Hein verabschiedet sich.
„Man muss mit der Zeit gehen und darf der Vergangenheit nicht nachtrauern! Besorg ein Poster von Robbie Williams – wir müssen etwas für unsere weibliche Kundschaft tun!"
„Wollen Sie das Geld nicht lieber für einen ordentlichen Haarschnitt ausgeben?"
„Bengel!"

Wolfgang Lötzsch * 18.12.1952

1989 Laurent Fignon gegen Greg LeMond

Was sind schon 121 Meter?

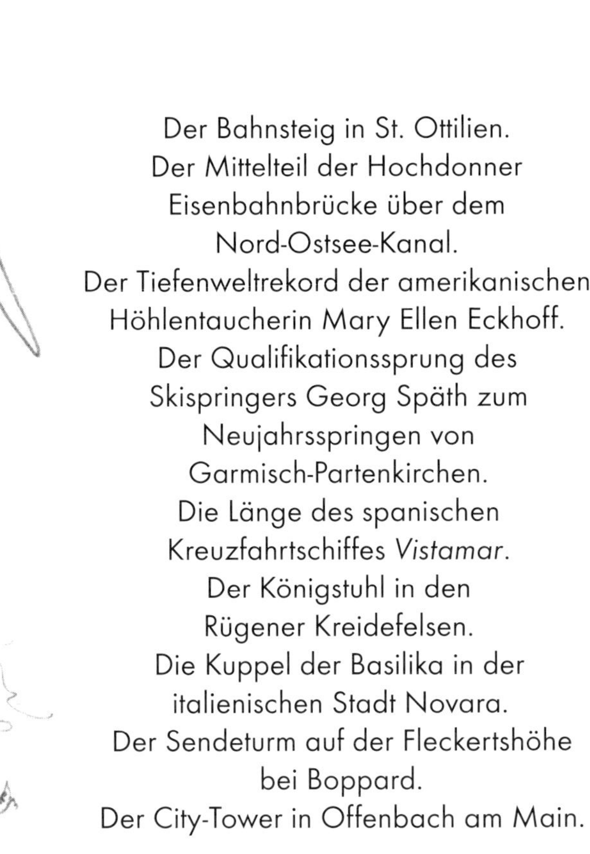

Der Bahnsteig in St. Ottilien.
Der Mittelteil der Hochdonner
Eisenbahnbrücke über dem
Nord-Ostsee-Kanal.
Der Tiefenweltrekord der amerikanischen
Höhlentaucherin Mary Ellen Eckhoff.
Der Qualifikationssprung des
Skispringers Georg Späth zum
Neujahrsspringen von
Garmisch-Partenkirchen.
Die Länge des spanischen
Kreuzfahrtschiffes *Vistamar*.
Der Königstuhl in den
Rügener Kreidefelsen.
Die Kuppel der Basilika in der
italienischen Stadt Novara.
Der Sendeturm auf der Fleckertshöhe
bei Boppard.
Der City-Tower in Offenbach am Main.

Der Straßentunnel im Plauenschen Grund
zwischen Dresden und Freital.
Der Raumgewinn von Philipp Lux beim Footballspiel der
Braunschweiger Lions gegen die Düsseldorfer Panther.
Das höchste Rathaus Deutschlands in Essen.
Die Länge der Kathedrale von Palma de Mallorca.
Die Windkraftanlagen auf dem Ittenschwander Horn
im Landkreis Lörrach.
Der Wartenberg bei Calbe in der Magdeburger Börde.

Oder ... der knappste Ausgang einer Tour de France. Greg LeMond siegt 1989 mit 121 Metern bzw. 8 Sekunden Vorsprung vor Laurent Fignon. Und das nach einem Rennen über 3.285 Kilometer durch ganz Frankreich!
Von dieser Niederlage wird sich Laurent Fignon sportlich nie mehr erholen, LeMond aber feiert Sieg auf Sieg.

Laurent Fignon * 12.08.1960
Greg LeMond * 26.06.1961

2006 Fahrradkuriere

Gib Speiche, Alter!

He, Leute, glotzt nicht so! Ich bin Ratz! Kein Kuschelbär und auch kein Schmusekaninchen. Stimmt schon, ich bin eine Ratte. Aber eine ganz liebe. Sozusagen eine Kuschel-Schmuse-Ratte. Wo ich lebe? In einer Jackentasche. Die Jackentasche gehört zu einer Jacke und die Jacke zu Ke4*. Zusammen sind wir die besten, schnellsten und zuverlässigsten Fahrradkuriere der ganzen Stadt. Welcher Stadt? Na, dieser hier, natürlich. Wie die Stadt heißt? Äh, in Erdkunde war ich noch nie gut, aber es ist eine schöne große Stadt mit vielen Straßen, einer Menge stinkender Autos und ordentlichen Aufträgen.

Wir sitzen mal wieder in unserem Büro, also eher in unserer Garage – Ke4 in einem alten Ledersessel vom Sperrmüll und ich in der Tasche seiner echt coolen Lederjacke. Ke4 beißt in seinen Döner. Achtung, sein Handy klingelt, bestimmt wieder ein Auftrag! Wenn er jetzt seinen Döner auf den Tisch legt, könnte ich ... Katzendreck und Hundeschitt', er klemmt sein Handy zwischen Ohr und Schulter und legt den Döner nicht aus der Hand. Dabei habe ich heute noch nicht gefrühstückt! Mein Magen knurrt. Vielleicht sollte ich noch ein Stündchen in einem der herumstehenden Pappkartons schlafen. Oder ich halte mich fit! Mit geistigem Training! Ich könnte die Stadtpläne und Zeitungsausschnitte an den Wänden anknabbern, oder die alten Fahrkarten und Ansichtskarten von Ke4s Freunden aus aller Welt.

*Das ist kein Schreibfehler und auch kein Rattendeutsch, das ist Kurierfahrersprache. Fahrradkuriere sind immer super cool drauf!

Lass es, Ratz, das bringt nur wieder Ärger! Wie vorgestern, als ich die winzig kleine Ecke von der alten Fotokopie abgenagt habe. Weiß auch nicht, warum Ke4 so sauer war. Was auf der Fotokopie drauf steht? Nun lies schon selbst, ich muss mir noch flott ein bisschen Gel ins Fell schmieren, bevor wir losdüsen!

Denkschrift über die deutschen Eilboten-Anstalten, 1910
Die Boten sind für den gewöhnlichen Botendienst mit Zweirädern, für die Paketbeförderung mit Dreirädern ausgestattet. Hier und da werden auch Rollschuhe von den Boten benutzt. Es leuchtet von selbst ein, daß die so betriebenen Eilbotenanstalten einem dringenden Verkehrsbedürfnisse, zumal in den großen Städten, entsprechen. Ihrer bedienen sich deshalb die Handel- und Gewerbetreibenden in erheblichem Umfange. Auch zu Reklamezwecken finden die Boten Verwendung. Der Private lässt sein Reisegepäck nach der Bahn bringen, sich Billets für irgend welche Veranstaltungen besorgen, eine Droschke oder Auto herbeiholen, Mäntel aus der Wohnung nach dem Konzerthaus, Hausschlüssel aus der Wohnung nach dem Hause des Gastgebers bringen. Der Kranke läßt sich Arzneien aus der Apotheke herbeischaffen, im Rollstuhl ausfahren. Der Fremde läßt sich führen, der Geschäftsreisende seine Koffer zur Kundschaft bringen. Häufig handelt es sich auch um das Überbringen schriftlicher Mitteilungen.

Denk aber bloß nicht, wir hätten nur alten Kram! Da drüben auf der Cola-Kiste steht zum Beispiel Ke4s obercoole Kaffeemaschine! Dann all die Fahrräder und Fahrradteile, die herumstehen oder von der Decke hängen. Alles nur vom Feinsten! Und dazu noch irre gute Verstecke für eine Pfadfinderratte wie mich! Es ist einfach herrlich hier. Es duftet nach Döner, Öl, Kaffee und Gummi – ich möchte mit keiner Palastratte tauschen.

So, jetzt geht es aber los! Ke4 beißt noch einmal in seinen Döner und schiebt den Kugelschreiber in die Jackentasche. He, sei vorsichtig, beinah hättest du mich aufgespießt! Im Schnitt sind wir dreißig Mal schneller in der Stadt unterwegs als die stinkende Autokonkurrenz.

Ke4, komm endlich in die Hufe, oder soll uns ein anderer Kurier den Auftrag noch vor der Nase wegschnappen? Ich wäre schon längst woanders! Aber nein, der kaut noch in aller Ruhe an seinem Döner, nimmt eine Flasche Cola aus dem Kühlschrank und trinkt einen Schluck. Und noch einen und noch einen.

Nun nimm schon die Kuriertasche vom Haken! Die ist übrigens so groß, dass man mehrere Backbleche mit rattenscharfem Streuselkuchen hineinstellen könnte. Die meisten Fahrradkuriere fahren mit einem wasserdichten Rucksack, aber wir lieben unsere Tasche, und Ke4 flickt sie aller paar Tage. Lange hält so eine Tasche nicht, höchstens zwei Jahre, und billig ist sie auch nicht.

Wie Ke4 angezogen ist? He, du willst wohl selber mal Kurierfahrer werden? Am wichtigsten ist Ke4s Helm, der schützt sein' Kopf. Und auf den bildet er sich eine Menge ein, weil da die ganzen Straßen, Umleitungen und Abkürzungen drin sind. Ich würde den Stadtplan einfach auffressen, dann hätte ich die Straßen immer bei mir und müsste sie nicht auswendig lernen – Knabber, Knabber, Schmatz, Schluck und Böhhh!

Was man als Kurierfahrer sonst noch so braucht? Hosen natürlich! Im Röckchen sähe mein Ke4 wohl ziemlich blöd

aus! Dann noch Trikot und Jacke mit Innen- und Außentaschen, denn irgendwo brauch ich ja auch noch Platz! Außerdem Handschuhe, Schuhe und Überschuhe. Aber alles doppelt und dreifach. Schließlich müssen die Sachen mal gewaschen werden. Immer schön sauber bleiben! Nicht alle Kunden lieben Lehmtapsen auf ihren hellen Teppichböden oder gar den ehrlichen, aufrichtigen Kurierfahrerschweiß in der Nase. Und da man der Wettervorhersage nicht immer trauen kann – wäre Regenkleidung mit Reflektoren auch nicht schlecht!
Noch einen Schluck Cola? Und noch einen? Stell doch endlich die Flasche zurück in den Kühlschrank!
Endlich! Es ist so weit, es ist so weit! Ke4 zieht sein Rad aus dem Durcheinander der Garage und prüft den Luftdruck der Reifen mit Daumen und Zeigefinger. Sein Rad ist sein ganzer Stolz. Ein rotes Mountainbike! Manche Fahrradkuriere fahren mit Hollandrädern, Rennrädern oder Eigenkonstruktionen aus Schrottteilen und modernsten Hochtechnik-Elementen. Ke4s Mountainbike ist super, hat scharfe Bremsen, eine ordnungsgemäße Beleuchtung, obwohl Ke4 angeblich auch ohne alles sieht, super Profilreifen, Gepäckträger und zwei Sicherheitsschlösser. Und er wäscht und putzt sein Rad jeden Freitag, manchmal auch noch zusätzlich am Dienstag, wenn ich es ihm sage.
Jetzt geht's aber wirklich los. Wir schwingen uns aufs Rad, fahren die Zeppelinstraße hinunter und hinüber zum Fürst-Pückler-Park. Jüppi, weg da, du Fußgänger, und hinein geht's in den Park. Ups, haben wir mal wieder das Durchfahrtsverbotsschild übersehen? Als Kurierfahrer kann man nicht auf alles achten! Da kommen auch schon unsere Freunde: Bello, Fifi, Pluto und Hektor. Und alle wollen mit uns spielen. Doch bei unserm Höllentempo geben die meisten gleich auf. Nur Hektor hält sich tapfer. Er schnappt nach Ke4s Hosenbein, kassiert einen Nasenstüber, springt erneut hoch. Ke4 tritt aus und, hurra, wir haben gewonnen! „Gib Speiche,

Alter!" schreie ich. Wir lassen den Park hinter uns und fahren über den Zebrastreifen an einer Fußgängerampel, die bestimmt gleich grün zeigen wird. „Gib Speiche!" Jetzt geht's in die Fußgängerzone! Mehmet vom Obststand wirft Ke4 einen Apfel zu, auf der Rückfahrt hat er sicher auch ein paar Erdnüsse für mich! Ich hab vielleicht einen Hunger!

In der Fußgängerzone lauern meist zwei Polizisten zwischen dem Kaffeeladen und der Änderungsschneiderei auf uns. Da sind sie schon, und auf geht's zu unserem rasanten Verfolgungsrennen. Wir vorneweg, und die beiden hinter uns her. Der dickere Polizist bleibt bald zurück, Passanten verfolgen gespannt das Rennen, schimpfen, wenn wir ihnen zu nahe kommen, einige klatschen Beifall, der jüngere Polizist kommt näher heran, hat uns fast erreicht, da biegen wir in einen Hausdurchgang ab, hoppeln die Treppe zu einem Keller hinunter, fahren durch eine offene Garage, Ke4 springt vom Rad, hastet auf der andern Seite des Hauses die Treppe hinauf, und wer steht auf der obersten Stufe? Der dicke Polizist! „Du musst dir mal einen neuen Trick einfallen lassen!" sagt er zu Ke4. Mich begrüßt er nie! Sein jüngerer Kollege ist herangekommen. „Macht 20 Euro!"

Ke4 seufzt und streicht mir über den Kopf. „Dann hab ich kein Geld mehr für Dein Futter und muss Dich in der widerlichen Kanalisation aussetzen!"

„Komm mir bloß nicht so", sagt der Dicke.

„Lass mal", sagt der Jüngere, „meine Tochter hat auch eine zahme Ratte. Aber beim nächsten Mal bist Du dran!"

„Danke!" sagt Ke4. „Ich werde den Rat Ihres Kollegen befolgen!" Wir schwingen uns aufs Rad.

„Welchen Rat?" fragt der Jüngere.

„Ich lass mir einen neuen Trick einfallen!"

Wir sind angekommen! Ein Hochhaus mitten in der Stadt! Mit dem Fahrstuhl hinauf in die 16. Etage. Tür zu, huiih, Tür auf, wir

sind oben! Vor uns ein langer Gang, am Ende eine doppelte Dreifachglastür oder ist es sogar eine vierfache Sechsertür? Wie immer muss ich draußen bleiben! Mein Stammplatz ist der große Blumentopf mit den roten Tonkügelchen von diesem dämlichen Fingerfarn. Ke4 setzt mich ab, ich grabe mich in die Tonkügelchen ein, Ke4 geht ins Büro. Meist ist Ke4 schnell zurück, er kann die schnippische Drahtbürste im Büro nicht leiden.
Ich werde es mir ein wenig bequem machen. Mann, bin ich müde. Das kommt wohl von der wilden Verfolgungsjagd! Ich werde ein wenig schlummern und von etwas Schönem träumen:
Letztes Wochenende waren wir in Kassel. Oder war es Dresden, vielleicht auch Köln? Meine Geografie-Kenntnisse sind wirklich nicht so besonders! Auf alle Fälle waren wir da, zum *German-Cycle-Messenger-Cup*. Fast hundert lustige Typen treffen sich jedes Jahr zur Deutschen Meisterschaft. Sportliche in professioneller Rennkleidung mit windschlüpfrigen Trikots, Klickschuhen und Superrennbrillen. Natürlich waren auch welche mit Rastalocken da, und einer ist sogar in Badeshorts und Gesundheitslatschen gefahren. Europa- und Weltmeisterschaften gibt es auch, aber daran, Hundedreck und Katzenschitt', können wir und die meisten unserer Freunde nicht teilnehmen, weil fast alles aus der eigenen Tasche bezahlt werden muss.
Offiziell war es kein Rennen, eher ein gut organisiertes Spiel mit Bergzeitfahren, Kurierrennen, Mannschaftszeitfahren und Geschicklichkeitswettbewerb. Wir hatten überall unsere Chancen, und die erste wollten wir auch gleich am Samstag beim Bergzeitfahren nutzen. Drei Kilometer immer den Berg hinauf. Zugegeben, hinauf waren einige Teilnehmer schneller als wir, aber beim Runterfahren zum Mittagessen waren wir ganz vorn mit dabei.
Am allerwichtigsten ist aber sowieso das Kurierrennen – eine Orientierungsfahrt, bei der mehrere Stationen angefahren werden müssen und verschiedene Aufgaben zu bewältigen sind. Bei

diesem Rennen wird streng darauf geachtet, dass alle Spielregeln und die Straßenverkehrsordnung eingehalten werden. Überall stehen Aufpasser und Polizisten an der Strecke. An jeder Station muss das Fahrrad abgeschlossen werden, die Briefe sind im Rucksack zu befördern, und eine rote Ampel ist eine rote Ampel, an der vorschriftsmäßig angehalten wird! Wir haben keinen einzigen Fehler gemacht, wenigstens keinen, der aufgefallen wäre und fuhren in der Spitzengruppe dem Ziel entgegen. Da plötzlich pffffffff, Plattfuß! Ich will gar nicht wiederholen, was Ke4 dazu gesagt hat. Ausdrücke hat der, dagegen bin ich das reinste Rattenlämmchen!

Wir kamen aber trotzdem nicht als letzte ins Ziel, einige Kuriere haben sich derart verfahren, dass sie erst eintrafen, als Ke4 seine zweite Cola getrunken und ich mein Bäuerchen gemacht hatte. Als schließlich alle das Ziel gefunden hatten, zogen wir mit Trara, Hallo und Polizeibegleitung durch die Stadt. Fast wie im Karneval! Und dann wurde gefeiert, gefeiert und gefeiert – manche der Teilnehmer sind wahrscheinlich nur zum Feiern nach Kassel oder Dresden oder vielleicht nach Köln gekommen. Wir waren jedenfalls ganz vorn mit dabei!

Am Sonntagmorgen beim gemeinsamen Frühstück mit Brot und Müsli fielen auch für mich ein paar Krümel ab. Anschließend das große Mannschaftszeitfahren. 15 Kilometer bis zum nächsten Ortseingang und wieder zurück. Diesen Wettbewerb hätten wir bestimmt gewonnen! Doch sollten zu einer Mannschaft immer vier Fahrer gehören. Ke4 und ich zählten als ein Fahrer, und ich zählte mal wieder nicht! Da haben wir auf das Mannschaftszeitfahren verzichtet. Sollten doch die gewinnen, die sich von diesen dämlichen Vorschriften knechten lassen.

Wir haben uns dann ganz auf den Geschicklichkeitswettbewerb konzentriert. Wer am längsten im Sattel bleibt, ohne zu fahren, sich festzuhalten oder abzustützen, hat gewonnen. Die Konkurrenz war ziemlich gut, aber wir saßen auf dem Rad so sicher wie zuhause im Ledersessel. Dann sollten auch noch die Hände vom Lenker genommen werden, ich musste niesen, Ke4 kippelte, und da rief einer: „Die Tour de France startet!"

Wir natürlich sofort rüber in die Kneipe, wo der Fernseher lief. Bei diesem Rennen sind wir die unangefochtenen Sieger geworden. Ke4 erwischte einen Platz in der ersten Reihe, und ich konnte mich in sein zusammengeklapptes Sitzkissen kuscheln. Rattenscharf!

Stundenlang haben wir die Eröffnungsetappe angeschaut. Ich hab' aber nicht behalten, wer gewonnen hat.
Diesmal dauert es aber lange, bis Ke4 aus dem Büro zurückkommt. Ich muss mal sehen, wo er bleibt und strecke meine Schnauze vorsichtig aus dem Blumentopf. „Ihhh, eine Ratte, huch, wie schrecklich!" Ihr glaubt gar nicht, wie blöde manche Büroziegen gucken können! Aber da kommt Ke4 auch schon angerannt. „Das ist keine Ratte, sondern ein zahmes Murmeltier!" Er schnappt mich im Nacken und steckt mich in seine Jacke, und schon sind wir weg. Wo es jetzt hingeht, kann ich nicht sagen. Ich kann doch nichts mehr sehen. Während der Fahrt pfeift Ke4 die ganze Zeit vor sich hin. Das ist verdächtig! Wen er in dem Büro wohl getroffen hat? Sonst schimpft er immer über diese schnippische Drahtbürste. Naja, vielleicht gibt es eine neue Drahtbürste im Büro. Jung, blond und mit großen Augen. Ich hoffe nur, dass sie Ratten mag!

Willis Wunsch

Nun mach mal voran!

Nur ungern hat Willi Biallas seine blaue Jacke mit dem aufgestickten weißen Schriftzug: *Willi Biallas – Städtisches Museum* ausgezogen und der Museumsleitung übergeben. So richtig weiß er mit seinem neuen Rentneralltag nichts anzufangen. Morgens kommt er nicht richtig aus dem Bett, und dann zieht sich der Tag bis zu seinem Treffen mit seinen Briefmarkenfreunden. Aber der Vereinsabend ist nur dienstags, und was macht er mit dem Rest der Woche?

Alle seine Pflichten versucht Willi ein wenig zu strecken. Morgens geht er dreimal zum Briefkasten, jedes heruntergefallene Blatt kehrt er einzeln vom Gehweg und fehlt etwas in seinem kleinen Haushalt, kauft er nicht gleich alles auf einmal ein, sondern immer nur das Nötigste. Nur zum Wochenende muss er die Gepäcktaschen an seinem Fahrrad ordentlich voll stopfen, dann braucht er Mineralwasser, Toilettenpapier, vielleicht eine Flasche Wein und natürlich Brot.

„Sie haben es auch nicht leicht", sagt eine energische Frauenstimme hinter Willis Rücken.

Willi dreht sich um. Frau Kramer! Die Leiterin der örtlichen Volkshochschule. Sie hat ihn ab und zu mit einem Kurs im Museum besucht.

„Ich kann mich nicht beklagen", sagt Willi.

„Sie sollten sich ein kleines Auto kaufen, dann müssten Sie sich

mit dem Einkaufen auch nicht so abmühen!"
„Ich brauche kein Auto", sagt Willi.
„So ein kleines gebrauchtes ist gar nicht mal so teuer, und manchmal kann man es sogar günstig finanzieren."
„Ich will kein Auto!" Willi regt sich ein bisschen auf über Frau Kramers Bevormundung. Er schiebt sein Rad neben Frau Kramers Autotür. „Mein Fahrrad ist neben den eigenen Füßen das umweltfreundlichste Verkehrsmittel. Was man von Ihrem stinkenden Blechkasten nicht gerade behaupten kann."
„Aber, aber, Herr Biallas!"
„Autos verschmutzen die Umwelt mit ihren Treibhausgasen, die zur allgemeinen Erderwärmung beitragen. Ihre Abgasgifte lösen Asthma-Attacken aus und erhöhen das Risiko von Herz- und Lungenkrankheiten. Außerdem entstehen hohe Umweltbelastungen bei der Herstellung eines Fahrzeugs und dann wieder bei der Verschrottung."
„Auf Wiedersehen", sagt Frau Kramer und will ihre Autotür schließen, doch Willi schiebt sein Fahrrad ein bisschen vor, und die Tür geht nicht mehr zu.
„Mein Fahrrad produziert keine Schadstoffe, macht keinen Lärm, braucht wenig Platz und ist gut für meine Gesundheit."
„Ja, ja, ist ja gut", sagt Frau Kramer.
„Außerdem ist man in der Stadt mit einem Fahrrad schneller unterwegs als mit anderen Verkehrsmitteln. Bis zu einer Entfernung von vier Kilometern ist das Fahrrad allen Verkehrsmittel an Geschwindigkeit überlegen – habe ich gelesen!"
„Das glaube ich kaum!"
„Glauben ist nicht wissen. Ich habe es in einer seriösen Zeitung gelesen und kann Ihnen den Artikel gern in den Briefkasten werfen."
„Wenn Sie meinen, ich muss jetzt los!"
Willi ist ein höflicher Mensch und zieht sein Rad ein wenig zurück,

damit Frau Kramer die Autotür schließen kann. Frau Kramer startet das Auto, winkt Willi kurz zu, und Willi muss noch Kartoffeln im Bioladen kaufen.
Willi fährt gern durch Nebenstraßen in der frischen Morgenluft. Er kommt an der Schule vorbei, fährt dann den schmalen Bach entlang, und wenig später stellt er sein Fahrrad im Fahrradständer am Bioladen ab.
Er kauft Kartoffeln und dann noch eineinhalb Kilo Äpfel, drei Birnen und ...
Da wird die Ladentür aufgestoßen, und Frau Kramer kommt herein. „Sie?" fragt sie überrascht. „Sie sind schon hier?"
„Sag ich doch: Das Fahrrad ist auf kurzen Strecken nicht zu schlagen."
„Das hätte ich jetzt nicht gedacht."
„Zwölf Prozent aller Verkehrsteilnehmer sind bereits Radfahrer. Stand auch in dem Artikel", sagt Willi. „Und es wären noch viel mehr, würde man etwas mehr Rücksicht auf die Fahrradfahrer nehmen. Baustellen, Falschparker und die ständige Angst vor rechts abbiegenden Autos können ganz schön nerven. Da müsste endlich umgedacht werden, in den Ämtern und in der Bevölkerung!"
„Unser Chef", sagt die Verkäuferin und legt Willi zwei Mandarinen als Zugabe auf die abgewogenen Birnen, „will im nächsten Monat die Autoparkplätze vor unserm Geschäft abschaffen und ein paar neue Fahrradständer aufstellen."
„Aber ich kann doch nicht ...", sagt Frau Kramer, „ ... zum Metzger, zum Frisör, zur Reinigung ..."
„Umdenken!" sagt Willi. „Umdenken macht Spaß und hält fit."
„Meinen Sie?" Frau Kramer lässt sich drei Stangen Lauch abwiegen. „Und die Parkplätze vor dem Geschäft werden wirklich abgeschafft?"
„Nicht nur vor diesem!" Willi grinst.

Frau Kramer wird energisch: „Dann muss sich die Volkshochschule um dieses Thema kümmern!"

„Sonst noch etwas?" fragt die Verkäuferin.

„Herr Biallas", sagt Frau Kramer, „Sie haben eine so überzeugende Art zu argumentieren. Arbeiten Sie bitte ein Konzept aus für eine Veranstaltungsreihe, die wir im nächsten Semester anbieten können. *Verkehrsprobleme umgedacht.* Vielleicht können wir auch die Schulen für dieses Thema interessieren. Herr Biallas, Herr Biallas, da kommt einiges auf Sie zu."

„Nicht so schnell, nicht so schnell!" Willi Biallas schmunzelt. „Da muss ich erst mal meinen Terminkalender fragen, ob ich überhaupt genügend Zeit habe!"